河南省高速公路重点桥隧和高边坡预警监测系统建设技术指南

第一册　桥梁结构监测系统

河南省高速公路联网管理中心
河南省交通规划设计研究院股份有限公司　编著
河南高速公路试验检测有限公司

人民交通出版社股份有限公司
北　京

内 容 提 要

本书介绍了河南省高速公路重点桥隧和高边坡预警监测系统的建设、维护和应用要求,规定了河南省高速公路重要关键设施结构安全和运行状况监测的内容、方法、数据标准和系统的设计、维护和应用要求,对指导各单系统建设、运维、监测数据应用并实现与省级系统数据互联互通具有一定的指导意义。

本书可供从事公路桥梁结构监测、隧道运行监测和高边坡自动化监测系统设计、施工、维护及养护工作的管理人员使用。

图书在版编目(CIP)数据

河南省高速公路重点桥隧和高边坡预警监测系统建设技术指南／河南省高速公路联网管理中心,河南省交通规划设计研究院股份有限公司,河南高速公路试验检测有限公司编著. — 北京：人民交通出版社股份有限公司,2023.7

ISBN 978-7-114-18833-6

Ⅰ.①河… Ⅱ.①河…②河…③河… Ⅲ.①高速公路—公路桥—桥梁工程—安全监控—指南②高速公路—公路隧道—隧道工程—安全监控—指南③高速公路—边坡—道路工程—安全监控—指南 Ⅳ.①U448.14-62 ②U459.2-62③U418.5-62

中国国家版本馆 CIP 数据核字(2023)第 103315 号

Henan Sheng Gaosu Gonglu Zhongdian Qiaosui he Gaobianpo Yujing Jiance Xitong Jianshe Jishu Zhinan

书　　名	河南省高速公路重点桥隧和高边坡预警监测系统建设技术指南　第一册　桥梁结构监测系统
著　作　者	河南省高速公路联网管理中心 河南省交通规划设计研究院股份有限公司 河南高速公路试验检测有限公司
责任编辑	潘艳霞
责任校对	赵媛媛　龙　雪
责任印制	刘高彤
出版发行	人民交通出版社股份有限公司
地　　址	(100011)北京市朝阳区安定门外外馆斜街 3 号
网　　址	http://www.ccpcl.com.cn
销售电话	(010)59757973
总　经　销	人民交通出版社股份有限公司发行部
经　　销	各地新华书店
印　　刷	北京市密东印刷有限公司
开　　本	880×1230　1/16
总 印 张	14.75
总 字 数	319 千
版　　次	2023 年 7 月　第 1 版
印　　次	2023 年 7 月　第 1 次印刷
书　　号	ISBN 978-7-114-18833-6
总 定 价	120.00 元(第一、二、三册)

(有印刷、装订质量问题的图书,由本公司负责调换)

第一册编写委员会

主　　编：张建龙

副 主 编：冀孟恩　束景晓　王笑风

参编人员：黄　辉　范永亮　杨　博　王韶鹏　侯　坤　李　帅
　　　　　傅　磊　侯明业　靳海霞　李　俊　樊祥磊　郑　莉
　　　　　杨占东　崔小艳　梁柯峰　化高伟　张　沙　徐　可
　　　　　石帅峰　王红磊　陈自然　徐青杰　吴　冬　毛海臻
　　　　　史　岩　田　园　张　临　王　蕾　范龙飞　李　刚
　　　　　陈小红　廖　龙　高　磊　董军伟

前　言

为提升高速公路长大桥隧、高边坡等重要关键设施结构监测和安全保障能力，交通运输部相继印发了《"十四五"公路养护管理发展纲要》《交通运输领域新型基础设施建设行动方案（2021—2025）》《公路长大桥梁结构健康监测系统建设实施方案》等系列文件，文件明确提出研究建立桥隧基础设施结构安全和运行状况监测体系，增强对公路重要关键设施的结构病害及周边环境风险等的监测预（报）警和应急处置能力。为满足这一新形势要求，河南省高速公路联网管理中心组织河南省交通规划设计研究院股份有限公司、河南高速公路试验检测有限公司等单位，编写《河南省高速公路重点桥隧和高边坡预警监测系统建设技术指南》（以下简称《指南》），以规范指导河南省高速公路重点桥隧和高边坡预警监测系统的建设工作，旨在统一数据标准和接口标准，便于不同层级系统之间互联互通、成网运行。

《指南》是充分吸纳了国内外的最新研究成果，广泛征求了监测系统建设、研究、设计、施工、运维及传感器研发、生产等从业人员意见建议，并结合河南省高速公路养护管理实际情况编写完成的。《指南》分为桥梁结构监测系统、隧道预警监测系统和高边坡预警监测系统3个分册。第一册桥梁结构监测系统包括9章和5个附录，系统规定了桥梁结构监测系统的监测内容、方法、数据标准和系统的设计、维护和应用要求；第二册隧道预警监测系统包括8章和9个附录，规定了隧道综合运行状态、机电设施运行状态和重要土建结构健康状态监测的内容、方法、数据标准和系统的设计、维护和应用要求；第三册高边坡预警监测系统包括9章和8个附录，分别对高边坡监测系统的监测内容、方法、数据标准、数据采集传输和储存、数据分析与应用作了详细规定。

由于编者水平有限，书中内容难免有不足和疏漏之处，敬请读者在实践中加以修改完善，并提出宝贵的批评意见。

编　者

2023 年 3 月

目 录

1 总则 ………………………………………………………………………… 1
2 术语 ………………………………………………………………………… 2
3 基本规定 …………………………………………………………………… 4
4 监测内容 …………………………………………………………………… 6
   4.1 一般规定 ……………………………………………………………… 6
   4.2 悬索桥 ………………………………………………………………… 6
   4.3 斜拉桥 ………………………………………………………………… 8
   4.4 梁桥 …………………………………………………………………… 10
   4.5 拱桥 …………………………………………………………………… 11
5 测点布设 …………………………………………………………………… 13
   5.1 一般规定 ……………………………………………………………… 13
   5.2 环境测点 ……………………………………………………………… 13
   5.3 作用测点 ……………………………………………………………… 13
   5.4 结构响应测点 ………………………………………………………… 14
   5.5 结构变化测点 ………………………………………………………… 16
   5.6 测点布设图示 ………………………………………………………… 17
6 监测方法 …………………………………………………………………… 19
   6.1 一般规定 ……………………………………………………………… 19
   6.2 感知方式 ……………………………………………………………… 19
   6.3 数据采集方式 ………………………………………………………… 23
   6.4 数据传输方式 ………………………………………………………… 25
   6.5 数据存储方式 ………………………………………………………… 26
7 监测系统 …………………………………………………………………… 28
   7.1 一般规定 ……………………………………………………………… 28
   7.2 系统设计 ……………………………………………………………… 28
   7.3 系统实施 ……………………………………………………………… 31

7.4 系统验收 ··· 34
   7.5 系统维护 ··· 35
   7.6 系统安全 ··· 36
8 监测数据 ··· 38
   8.1 一般规定 ··· 38
   8.2 数据标准 ··· 38
   8.3 数据处理 ··· 40
   8.4 数据管理 ··· 40
9 数据分析与应用 ·· 42
   9.1 一般规定 ··· 42
   9.2 报警 ··· 43
   9.3 日常运营监测数据分析 ··· 47
   9.4 突发事件监测数据分析 ··· 50
   9.5 结构健康评估 ··· 52
   9.6 对策措施 ··· 53
附录 A 监测内容对应监测目的、目标,测点布设及监测方法 ················ 58
附录 B 监测设备的技术要求 ·· 64
附录 C 桥梁监测系统数据字典定义 ·· 68
附录 D 监测类别基本信息定义 ·· 75
附录 E 实时数据传输协议 ··· 78
   E.1 通用报文协议编码 ··· 78
   E.2 GNSS 报文协议编码 ··· 79
参考文献 ·· 81

1 总则

1.0.1 为提高河南省高速公路重点桥梁结构监测系统的建设和实施技术水平,确保重点桥梁安全耐久,指导和规范桥梁结构监测系统的建设、维护和应用,制定本指南。

1.0.2 本指南适用于河南省高速公路重点桥梁结构健康监测系统建设,包含系统新建和改造升级,其他桥梁可参照执行。

1.0.3 高速公路桥梁符合下列条件之一时,进行桥梁结构监测:
    1 主跨跨径大于或等于500m的悬索桥、大于或等于300m的斜拉桥、大于或等于160m的梁桥、大于或等于200m的拱桥;
    2 技术状况等级为3类、4类且需要跟踪观测的在役桥梁;
    3 经过评定需要进行结构监测的桥梁。

1.0.4 高速公路桥梁结构监测系统一般由传感器模块、数据采集与传输模块、数据处理与管理模块、系统软件及附属设施构成,通过实时采集桥梁环境、作用、结构响应和结构变化数据对桥梁状态进行监测、报警、分析和评估。

1.0.5 高速公路桥梁结构监测系统设计和构建应遵循"先进、适用、稳定、安全、经济、实用"的原则。

1.0.6 监测系统宜采用可靠性高的设备和成熟的技术,新产品和新技术应经过试用和考验,经实践证明合格后方可在设计中应用。

1.0.7 监测系统的设计、建设、验收、维护除应符合本指南要求外,尚应符合国家和行业现行有关行政法规和技术标准的规定。

2 术语

2.0.1

桥梁结构监测 bridge structural monitoring

一种可以对桥梁的设定参数进行连续、自动测量和记录,获取桥梁环境、作用、结构响应与结构变化定量数据,实现监测数据超限报警,评估结构健康度的多学科交叉融合技术。

2.0.2

桥梁结构监测系统 bridge structural monitoring systems

一种通过网络集成技术将分布在桥梁现场和监控中心的各类传感器,数据采集与传输数据处理与管理、数据分析与应用的硬件设备、软件模块及配套设施连接在一起,具有对桥梁设定参数进行连续监测、自动记录、数据显示、报警评估的功能,辅助桥梁管理和养护决策的电子信息系统。

2.0.3

环境 environment

影响桥梁安全和功能的桥址自然环境因素。

2.0.4

作用 action

桥梁所受的直接荷载或间接荷载。

2.0.5

结构响应 structural response

由作用引起的桥梁构件、部件、结构的静力或动力响应。

2.0.6

结构变化 structural variation

以桥梁结构成桥状态或某一规定时刻状态为基准,桥梁构件、部件、结构在使用中几何形态和表观、结构性能发生的相对变化。

2.0.7

超限阈值 alarming threshold

对桥梁环境、作用、结构响应、结构变化、关键结构构件可能出现的各种级别的异常或风险,各监测点数据特征指标所设定的临界状态警戒值。

2.0.8

超限报警 over-limit alarming

监测数据的特征指标达到或超过超限阈值时,系统自动发出相应级别的警报。

2.0.9

桥梁结构健康度 bridge structural health level

相对于成桥状态或设计规定的结构安全和功能要求,当前桥梁结构安全和功能所处的相对水平。

3 基本规定

3.0.1 为动态实时掌握高速公路长大桥梁结构运行状况,防范化解高速公路长大桥梁运行重大安全风险,提升高速公路桥梁结构监测和安全保障能力,按照"安全第一、预防为主、明确责任、分级管理、突出重点、分步建设、单桥监测、联网运行"的原则,推进高速公路长大桥梁结构监测系统建设或改造升级。

3.0.2 监测系统应对桥梁所处环境及作用、结构响应及变化参数进行安全监测,对长大桥梁出现的损伤及时报警,对监测数据进行分析和评估。

3.0.3 监测系统应根据管理、养护和科研等方面需求,结合长期性能观测和基础研究,科学制订监测目标,选择重要监测内容和关键监测测点,体现代表性,突出实效性,注重经济性。

3.0.4 监测系统应稳定可靠、数据精确、分析准确,能够动态掌握高速公路长大桥梁结构运行状况,提升桥梁管养应急处置和安全保障能力。

3.0.5 桥梁监测系统新建和改造升级应进行方案设计和施工图设计,应编制施工组织设计,系统改造升级应用尽用既有条件和设备设施。

3.0.6 单体桥梁结构监测系统应与省级长大桥梁结构监测平台、部级长大桥梁结构监测数据平台实现系统互联、数据共享,三级系统平台应统一数据接口、数据格式和传输协议。

3.0.7 省级长大桥梁结构监测平台依托"河南省高速公路综合养护信息管理平台"建设,通过汇集全省高速公路各单桥监测系统的数据,实现对省域范围内长大桥梁运行状态监测、单桥监测系统及监测设备运行状态监测、特殊事件(涡振、地震、车辆超载、船撞等)的应急监测。

3.0.8 桥梁结构监测应贯穿桥梁结构运营期,在正常维护和更换条件下,监测系统硬件、系统软件的更换与升级应保障监测数据衔接与分析的连续性。预埋在结构内部的埋入式传感器设计使用寿命不宜低于 20 年;附着安装在结构上的非埋入式传感器设计使用寿命不宜低于 5 年,且应易于更换。

3.0.9 监测系统建设应尽量不影响桥梁本体结构的安全性和耐久性。

3.0.10 监测系统应制定安全保护措施,可按照现行《信息安全技术网络安全等级保护基本要求》(GB/T 22239)进行系统等级保护、信息系统定级、信息系统备案、建设整改、等级测评、监督检查和保护。

3.0.11 监测系统验收交付应满足设计文件、相关技术规范以及系统功能要求。

3.0.12 监测系统应制定运行维护管理制度,编制年度维护计划,按计划维护与定期升级。

3.0.13 监测系统应对异常状况进行报警,分析监测数据,评估桥梁结构状态及变化。

4 监测内容

4.1 一般规定

4.1.1 监测内容包括环境、作用、结构响应及结构变化,应根据桥梁所处环境、所受作用以及结构构造特点、力学行为特性、监测应用目标和养护管理要求等因素综合确定。

4.1.2 监测内容包含应选监测项、宜选监测项、可选监测项,可根据桥梁结构、部件、构件的技术状况、近期定检报告或连续几年定检报告中增加的病害等相应地增加监测内容。应监测项无建设条件的,经分析论证,可根据实际情况调整监测内容。

4.1.3 根据养护管理需要,可对桥梁附属设施状况及桥梁运营状态等进行监测,可将相关其他系统数据接入监测系统,包括除湿系统、防撞护栏、异物侵限、声屏障、桥面和桥下车船状态等数据。

4.2 悬索桥

4.2.1 悬索桥监测内容应符合表 4-1 的规定,可根据特定需求选择监测内容。

表 4-1 悬索桥监测内容

监测类别		监测内容	监测选项
环境	温度、湿度	桥址区环境温度、湿度	●
		加劲梁内温度、湿度[a]	●
		主缆内温度、湿度	○
		锚室内温度、湿度[b]	●
		鞍罩内温度、湿度	●
		索塔内温度、湿度	○
	结冰	桥面结冰、主缆结冰	◎
作用	车辆荷载	所有车道车重、轴重、车速	●
		所有车道车流量	●
		所有车道的车辆空间分布视频图像	◎

续上表

监测类别		监测内容	监测选项
作用	风速、风向	桥面风速、风向	●
		塔顶风速、风向	●
	风压	加劲梁风压	◎
	结构温度	混凝土或钢结构构件温度	●
		桥面铺装层温度	○
	船舶撞击	桥墩加速度	○
		视频图像	○
	地震	桥岸地表场地加速度	◎
		承台顶或桥墩底部加速度（抗震设防烈度为Ⅶ度及以上）	●
		承台顶或桥墩底部加速度（抗震设防烈度为Ⅶ度以下）	○
结构响应	位移	加劲梁竖向位移	●
		加劲梁横向位移	●
		支座位移	●
		梁端纵向位移	●
		塔顶偏位	●
		主缆偏位	○
	转角	塔顶转角	◎
		梁端水平转角	●
		梁端竖向转角	●
	应变	加劲梁关键截面应变	●
		索塔关键截面应变	○
作用	索力	吊索索力	●
		锚跨索股力	●
	支座反力	支座反力	○
	振动	加劲梁竖向振动加速度	●
		加劲梁横向振动加速度	●
		加劲梁纵向振动加速度	○
		塔顶水平双向振动加速度	●
		吊索振动加速度	●
结构变化	基础冲刷	基础冲刷深度	◎
	位移	锚碇位移	●

续上表

监测类别		监测内容	监测选项
结构变化	裂缝	混凝土结构裂缝	○
		钢结构裂缝	○
	腐蚀	墩身、承台混凝土氯离子浓度	◎
		墩身、承台混凝土氯离子侵蚀深度	◎
	断丝	吊索、主缆断丝	○
	螺栓紧固力	索夹螺杆紧固力、高强螺栓紧固力、螺栓滑脱	○
	索夹滑移	索夹滑移	○

注：● 为应选监测项，○ 为宜选监测项，◎ 为可选监测项。

[a] 仅适用于封闭箱梁。

[b] 仅适用于地锚式悬索桥。

悬索桥监测指标不仅限于表 4-1 中的内容，可根据技术状况、监测应用目标、特定需求调整监测内容。

4.3 斜拉桥

4.3.1 斜拉桥监测内容应符合表 4-2 的规定，可根据特定需求选择监测内容。

表 4-2 斜拉桥监测内容

监测类别		监测内容	监测选项
环境	温度、湿度	桥址区环境温度、湿度	●
		主梁内温度、湿度[a]	●
		索塔锚固区温度、湿度	●
	雨量	降雨量	◎
	结冰	桥面结冰、斜拉索结冰	◎
作用	车辆荷载	所有车道车重、轴重、轴数、车速	●
		所有车道车流量	●
		所有车道的车辆空间分布视频图像	◎
	风速、风向	桥面风速、风向	●
		塔顶风速、风向	●
	结构温度	混凝土或钢结构构件温度	●
		桥面铺装层温度	○
	船舶撞击	桥墩加速度	○
		视频图像	○

续上表

监测类别		监测内容	监测选项
作用	地震	桥岸地表场地加速度	◎
		承台顶或桥墩底部加速度（抗震设防烈度为Ⅶ度及以上）	●
		承台顶或桥墩底部加速度（抗震设防烈度为Ⅶ度以下）	○
结构响应	位移	主梁竖向位移	●
		主梁横向位移	○
		支座位移	●
		梁端纵向位移	●
		塔顶偏位	●
	转角	塔顶转角	○
		梁端水平转角	●
		梁端竖向转角	●
	应变	主梁关键截面应变	●
		索塔关键截面应变	○
	索力	斜拉索索力	●
	支座反力	支座反力	○
	振动	主梁竖向振动加速度	●
		主梁横向振动加速度	●
		主梁纵向振动加速度	○
		塔顶水平双向振动加速度	●
		斜拉索振动加速度	●
结构变化	基础冲刷	基础冲刷深度	◎
	裂缝	混凝土结构裂缝	○
		钢结构裂缝	○
	腐蚀	墩身、承台混凝土氯离子浓度	◎
		墩身、承台混凝土氯离子侵蚀深度	◎
	预应力	体外预应力	○
	断丝	斜拉索断丝	○
	螺栓状态	高强螺栓紧固力、螺栓滑脱	○

注：●为应选监测项，○为宜选监测项，◎为可选监测项。

ª仅适用于封闭箱梁。

斜拉桥监测指标不仅限于表4-2中的内容，可根据技术状况、监测应用目标、特定需求调整监测内容。

4.4 梁桥

4.4.1 梁桥监测内容应符合表 4-3 的规定，可根据特定需求选择监测内容。

表 4-3 梁桥监测内容

监测类别		监测内容	监测选项
环境	温度、湿度	桥址区环境温度、湿度	●
		主梁内温度、湿度ª	●
	结冰	桥面结冰	◎
作用	车辆荷载	所有车道车重、轴重、轴数、车速	○
		所有车道车流量	○
		所有车道的车辆空间分布视频图像	◎
	风速、风向	桥面风速、风向	◎
	结构温度	混凝土或钢结构构件温度	●
		桥面铺装层温度	○
	船舶撞击	桥墩加速度	○
		视频图像	○
	地震	桥岸地表场地加速度	◎
		承台顶或桥墩底部加速度（抗震设防烈度为Ⅶ度及以上）	●
		承台顶或桥墩底部加速度（抗震设防烈度为Ⅶ度以下）	○
结构响应	位移	主梁竖向位移	●
		支座位移	○
		梁端纵向位移	○
		高墩墩顶位移	○
	应变	主梁关键截面应变	●
	支座反力	支座反力	○
	振动	主梁竖向振动加速度	●
		主梁横向振动加速度	○
		主梁纵向振动加速度	○
		桥墩顶部纵向及横向振动加速度	◎
结构变化	基础冲刷	基础冲刷深度	◎
	桥墩沉降	桥墩竖向位移	○
	裂缝	混凝土结构裂缝	○
		钢结构裂缝	○

续上表

监测类别	监测内容		监测选项
结构变化	腐蚀	墩身、承台混凝土氯离子浓度	◎
		墩身、承台混凝土氯离子侵蚀深度	◎
	预应力	体外预应力	●
	螺栓状态	高强螺栓紧固力、螺栓滑脱	○

注：●为应选监测项，○为宜选监测项，◎为可选监测项。

a 仅适用于封闭箱梁。

梁桥监测指标不仅限于表4-3中的内容，可根据技术状况、监测应用目标、特定需求调整监测内容。

4.5 拱桥

4.5.1 拱桥监测内容应符合表4-4的规定，可根据特定需求选择监测内容。

表4-4 拱桥监测内容

监测类别	监测内容		监测选项
环境	温度、湿度	桥址区环境温度、湿度	●
		主梁内温度、湿度[a]	●
		主拱内温度、湿度[b]	●
	结冰	桥面结冰、吊杆结冰	◎
作用	车辆荷载	所有车道车重、轴重、轴数、车速[c]	●/○
		所有车道车流量[c]	●/○
		所有车道的车辆空间分布视频图像	◎
	风速、风向	桥面风速、风向[c]	●/○
		拱顶风速、风向	◎
	结构温度	混凝土或钢结构构件温度	●
		桥面铺装层温度	○
	船舶撞击	桥墩加速度	○
		视频图像	○
	地震	桥岸地表场地加速度	◎
		承台顶或桥墩底部加速度（抗震设防烈度为Ⅶ度及以上）	○
		承台顶或桥墩底部加速度（抗震设防烈度为Ⅶ度以下）	○
结构响应	位移	主梁竖向位移	●
		主梁横向位移	○

续上表

监测类别		监测内容	监测选项
结构响应	位移	支座位移	○
		梁端纵向位移	○
		拱顶位移	●
	应变	主梁关键截面应变	●
		主拱关键截面应变	○
	索力	吊杆(索)力	●
		系杆力	●
	支座反力	支座反力	○
	振动	主梁竖向振动加速度	●
		主梁横向振动加速度	○
		主梁纵向振动加速度	◎
		主拱振动加速度	●
		吊杆(索)振动加速度	●
结构变化	基础冲刷	基础冲刷深度	◎
	位移	拱脚位移	●
	裂缝	混凝土结构裂缝	○
		钢结构裂缝	○
	腐蚀	墩身、承台混凝土氯离子浓度	◎
		墩身、承台混凝土氯离子侵蚀深度	◎
	断丝	吊杆(索)或系杆断丝	○
	螺栓状态	高强螺栓紧固力、螺栓滑脱	○

注：●为应选监测项，○为宜选监测项，◎为可选监测项。

[a] 仅适用于封闭箱梁。

[b] 适用于箱形拱。

[c] 对于中、下承式拱桥为应监测项；上承式拱桥为宜选监测项。

拱桥监测指标不仅限于表4-4中的内容，可根据技术状况、监测应用目标、特定需求调整监测内容。

5 测点布设

5.1 一般规定

5.1.1 测点布设基于所确定的监测内容,应包括环境测点、作用测点、结构响应及结构变化测点,测点位置和数量依据桥梁所处环境、所受作用分布、结构构造特点、结构静力特性、结构动力特性、结构病害分布等因素综合确定,应满足监测参数分析和结构状态评估需求。

5.1.2 测点布设应明确传感器的类型和数量,安装位置、方向,宜可更换。对于不可更换的监测测点,宜做冗余设计。对关键部件或关键构件监测内容,可布设校核测点。

5.1.3 对发生严重病害的桥梁局部构件或结构关键受力部位,应针对性增加测点数量。

5.2 环境测点

5.2.1 桥址区环境温度和湿度的监测测点宜布设在桥梁跨中位置,可根据桥梁结构类型、跨径、构造、联长增设监测测点。

5.2.2 对于桥梁构件所组成的封闭空间,如箱梁内部、索塔内部、锚室、索鞍内部、拱肋内部、索体锚头锚固区等区域,温度和湿度监测测点应布设于桥梁结构内、外温度或湿度变化较大和对温度、湿度敏感的部位。

5.2.3 降雨量监测测点宜布设在桥梁开阔部位。

5.2.4 桥面结冰监测测定宜与车辆荷载视频监测测点同位置,缆、索结冰视频监测测点可布设在近塔顶,吊杆结冰测点可布设于主拱。

5.3 作用测点

5.3.1 车辆荷载监测测点应覆盖所有行车道且应布设于车辆入口处,且宜选择在路基或有稳定支撑的结构铺装层内。

5.3.2 风速风向监测测点应能监测自由场风速和风向,风速风向和风压监测测点应满足下列规定:

1 跨径小于1500m的悬索桥,应在加劲梁跨中上、下游两侧和塔顶各布设一个风速风向监测测点;跨径大于或等于1500m悬索桥,结合风场空间相关性,宜在1/4、3/4主跨处增加风速风向监测测点;可在跨中和1/4、3/4主跨断面布设风压监测测点。

2 跨径小于800m的斜拉桥,宜在主梁跨中上、下游两侧和塔顶各布设一个风速风向监测测点;跨径大于或等于800m的斜拉桥,结合风场空间相关性,宜增加风速风向监测测点。

3 位于强(台)风区的钢结构大跨径梁桥,可在主跨跨中布设风速风向监测测点。

4 对中、下承式拱桥,应在主梁跨中布设风速风向监测测点,风环境复杂时可在拱顶增设风速风向监测测点;位于强(台)风区的上承式拱桥,可在主梁跨中布设风速风向监测测点。

5.3.3 应在关键混凝土或钢结构构件上布设温度测点;宜在主梁铺装层布设温度测点;结构温度测点布置宜与应变监测的温度补偿测点统一设计;测点数量和位置应根据桥梁结构温度场分布特点并结合跨径、构件尺寸、铺装体系、日照情况等因素综合确定。

5.3.4 航道等级为Ⅰ~Ⅴ级的桥梁宜进行船舶撞击监测,非通航孔桥宜在船舶撞击风险区进行船舶撞击监测;船舶撞击测点宜布设在船撞危险区的主梁、桥墩底部或承台顶部,视频监测测点宜在主梁上、下游两侧对称布设。

5.3.5 地震动监测测点宜布设于桥梁桥墩底部或承台顶部,可布设于桥梁两岸的自由场地;长度小于800m的桥梁,至少布设一个测点;长度大于或等于800m的桥梁,考虑地震地面运动非一致性,可相应地增加布设测点。

5.4 结构响应测点

5.4.1 结构响应测点应依据结构构造特点、结构静力特性、结构动力特性、结构病害分布区域,布设于各类构件的位移、转角、应变、索力、振动等特征点处。

5.4.2 结构整体位移和倾角测点布设,应根据最不利荷载组合作用下主缆、主梁、索塔、拱圈等关键构件的挠度、位移和倾角包络线,选择变形、位移和倾角极值点位置。

5.4.3 主梁竖向位移监测测点布设,根据跨径布置,至少主跨跨中和主跨四分点处布设;边跨至少在跨中布设;对于宽幅桥面、中央索面或其他具有扭转监测需求的主梁,应在同一断面左右幅外侧位置布设测点。

5.4.4 主梁横向位移监测测点应在主跨跨中布设。

5.4.5 塔顶偏位和拱顶位移监测测点应分别布设于索塔顶部、拱顶部。

5.4.6 支座位移、主梁梁端纵向位移测点宜布设在墩顶梁端支座处,宜根据不同支座的功能和类型选择支座位移测量方向。

5.4.7 高墩桥梁或纵坡较大的桥梁,桥墩的纵向和横向位移测点宜设置在墩顶。

5.4.8 主缆偏位监测测点宜布设在主跨跨中和1/4、3/4主跨处。

5.4.9 塔顶转角监测测点宜布置在索塔塔顶位置,梁端水平和竖向转角监测测点宜布设在伸缩缝两端的主梁上。

5.4.10 索塔、主梁、拱圈、拱肋、立柱、斜杆等关键构件截面静态和动态应变监测测点位置和数量应根据结构计算分析,选择受力较大或影响结构整体安全的关键截面和部位布设;正交异性钢桥面板动态应变监测点应选择在重车道❶或行车道车轮轮迹线对应位置,宜布设在顶板、U形肋和横隔板等疲劳热点处;受力复杂的构件截面和部位,宜布设三向静态和动态应变监测测点;混合梁的钢混接合段应布设应变监测测点,可布设在应变较大和应力集中处。

5.4.11 应根据悬索桥吊索、斜拉桥斜拉索、拱桥吊杆(索)和系杆等索构件的布置形式、规格、型号、长短、索力和应力幅值等,确定监测的索构件,宜选择上、下游索构件成对布设;应根据主缆锚固方案、索股布置形式确定锚跨索股力监测的索股,基准索股应布设测点。

5.4.12 支座反力测点宜根据支座类型、构造、安装方式确定布设位置,宜选择可能出现横向失稳等倾覆性破坏的独柱桥梁、曲线桥、基础易发生沉降或采用压重设计的桥梁的支座。

5.4.13 主梁横桥向和竖向振动测点应根据主梁振动振型确定,宜布设在振型峰值点处,避开振型节点;测点位置应至少包括主跨跨中和1/4、3/4主跨处;主梁纵向振动监测测点宜布设在塔梁连接处或支座位置处。塔顶水平振动监测测点应在塔顶双向布设。

---

❶ 重车道一般指专供重载交通通行而设置的行车道,一般为外侧行车道。

5.4.14 宜选择振动幅值大的悬索桥吊索、斜拉桥斜拉索、拱桥吊杆(索)等索构件布设振动监测测点,测点应根据索构件振动振型确定,避开振型节点;对索面内和索面外均存在较大振动的情况,可双向布设。

5.4.15 梁桥桥墩纵向和横向振动监测测点应在桥墩顶部布设。

5.4.16 主拱振动监测测点应根据主拱振型确定,宜布设在振型峰值点处,避开振型节点。

5.5 结构变化测点

5.5.1 基础冲刷监测测点布设,应根据基础冲刷风险分析确定桥墩断面和测点位置,也可根据桥梁冲刷专题研究确定。

5.5.2 悬索桥锚碇位移监测测点宜布设于锚体和前支墩角点处;梁桥桥墩沉降监测测点宜布设于墩顶处;拱桥拱脚位移监测测点宜布设于拱脚承台处。

5.5.3 技术状况为一类和二类的桥梁,宜选择代表性混凝土结构裂缝、钢结构裂缝进行监测;技术状况为三类和四类的桥梁,应选择代表性混凝土结构裂缝、钢结构裂缝进行监测。裂缝监测测点位置和数量应依据检查(测)、技术状况评定、养护维修结果确定,宜对裂缝宽度和长度变化跟踪观测。

5.5.4 腐蚀监测测点宜布设在墩台水位变动、浪溅区的混凝土保护层内。测点位置、数量可根据氯离子浓度梯度测试要求确定。

5.5.5 斜拉桥和梁桥体外预应力监测测点位置和数量,宜依据梁体结构构造特点和预应力布设位置、形式确定。

5.5.6 构件技术状况评定为"腐蚀"或"锈蚀",标度达到3及3以上的悬索桥主缆和吊索、斜拉桥斜拉索、拱桥吊杆(索)和系杆,宜布设断丝测点,测点可布设在锚头端部位置或易腐蚀断丝位置。

5.5.7 构件技术状况评定为"错位、滑移",标度达到3及3以上的悬索桥索夹构件,宜布设索夹滑移和索夹螺栓状态监测测点,测点布设应根据索夹类型、索夹倾角以及螺栓布置形式确定;高强螺栓状态测点位置和数量宜根据检(查)测、技术状况评定结果确定。

5.6 测点布设图示

5.6.1 为指导试点桥梁的测点布设工作,分别列出悬索桥、斜拉桥、梁桥、拱桥四类桥型的测点布设图示,各试点桥梁应遵循本指南进行详细设计。

5.6.2 悬索桥测点总体布设示意图如图 5-1 所示。

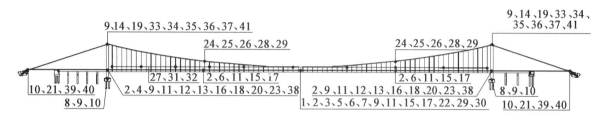

图 5-1 悬索桥测点总体布设示意图

1-环境温度、湿度;2-加劲梁内温度、湿度;3-桥面结冰;4-车辆荷载;5-桥面风速风向;6-结构温度;7-桥面铺装温度;8-船舶撞击;9-视频图像;10-地震动;11-加劲梁位移(横、竖);12-支座位移;13-梁端纵向位移;14-塔顶偏位;15-加劲梁应变;16-支座反力;17-加劲梁振动(竖、横);18-加劲梁振动(纵);19-塔顶振动(纵、横);20-基础冲刷;21-锚碇位移;22-关键截面裂缝;23-腐蚀;24-主缆断丝;25-螺栓状态;26-索夹滑移;27-吊索断丝;28-主缆内温度、湿度;29-主缆偏位;30-加劲梁风压;31-吊索索力;32-吊索振动;33-塔顶倾角;34-鞍罩内温湿度;35-索塔内温湿度;36-塔顶风速风向;37-塔关键截面应变;38-梁端转角(水平、竖向);39-锚室内温度、湿度;40-锚跨索股力;41-主缆结冰

5.6.3 斜拉桥测点总体布设示意图如图 5-2 所示。

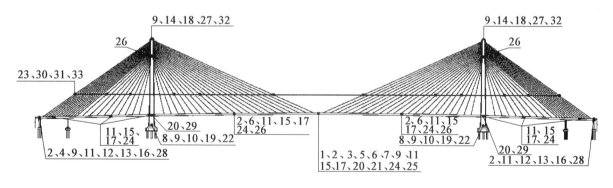

图 5-2 斜拉桥测点总体布设示意图

1-环境温度、湿度;2-主梁内温度、湿度;3-桥面结冰;4-车辆荷载;5-桥面风速风向;6-结构温度;7-桥面铺装温度;8-船舶撞击;9-视频图像;10-地震动;11-主梁位移(横、竖);12-支座位移;13-梁端纵向位移;14-塔顶偏位;15-主梁应变;16-支座反力;17-主梁振动(纵、横、竖);18-塔顶振动(纵、横);19-基础冲刷;20-预应力;21-关键截面裂缝;22-腐蚀;23-斜拉索断丝;24-螺栓状态;25-降雨量;26-索塔锚固区温度、湿度;27-塔顶倾角;28-梁端转角(水平、竖向);29-索塔关键截面应变;30-斜拉索索力;31-斜拉索振动;32-塔顶风速风向;33-斜拉索结冰

5.6.4 梁桥测点总体布设示意图如图5-3所示。

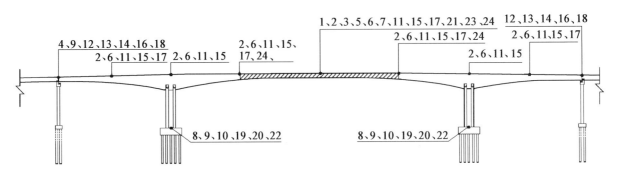

图5-3 梁桥测点总体布设示意图

1-环境温度、湿度;2-主梁内温度、湿度;3-桥面结冰;4-车辆荷载;5-桥面风速风向;6-结构温度;7-桥面铺装温度;8-船舶撞击;9-视频图像;10-地震动;11-主梁位移(竖);12-支座位移;13-梁端纵向位移;14-墩顶位移(竖);15-主梁应变;16-支座反力;17-主梁振动(纵、横、竖);18-墩顶振动(纵、横);19-基础冲刷;20-桥墩沉降;21-关键截面裂缝;22-腐蚀;23-体外预应力;24-螺栓状态

5.6.5 拱桥测点总体布设示意图如图5-4所示。

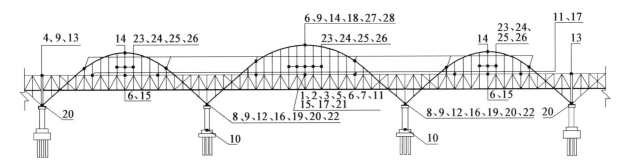

图5-4 拱桥测点总体布设示意图

1-环境温度、湿度;2-主梁内温度、湿度;3-桥面结冰;4-车辆荷载;5-桥面风速风向;6-结构温度;7-桥面铺装温度;8-船舶撞击;9-视频图像;10-地震动;11-主梁位移(横、竖);12-支座位移;13-梁端纵向位移;14-拱顶位移;15-主梁应变;16-支座反力;17-主梁振动(纵、横、竖);18-拱顶振动(纵、横、竖);19-基础冲刷;20-拱脚位移;21-关键截面裂缝;22-腐蚀;23-吊杆断丝;24-螺栓状态;25-吊杆力;26-吊杆振动;27-主拱应变;28-拱顶风速风向

6 监测方法

6.1 一般规定

6.1.1 监测方法应综合桥梁使用环境、监测内容和测点布设、数据分析与应用的要求选择确定,包括感知方式、数据采集方式、数据传输方式和数据存储方式。

6.1.2 监测设备选型应与监测内容、测点布设和系统集成的要求相适配,传感器选型应满足量程、分辨力、精度、灵敏度、动态频响特性、环境适应性、稳定性和可靠性等要求。

6.1.3 监测设备工作环境适应能力应满足其所在桥址区或桥梁构件内的环境条件,可按需配置温湿度控制和保护装置。

6.1.4 监测设备宜使用可原位校准或自校准的产品和技术。在安装前由计量单位出具相应的计量或标定证书。

6.1.5 监测数据采样频率应满足采样定理,且满足监测数据分析和应用要求。

6.2 感知方式

6.2.1 车辆荷载监测宜选用动态称重系统,应符合现行《动态公路车辆自动衡器》(GB/T 21296)的有关规定,技术指标宜按本册附录B的规定选择。

条文说明

动态称重系统传感器布设尺寸应考虑车道宽度,量程应根据桥梁车辆限载质量以及预测车辆荷载综合确定。

6.2.2 风速和风向监测宜选用超声风速仪或机械式风速仪,尽可能避免主体结构紊流对风速仪测试数据的影响,应符合现行《数字风向风速测量仪》(JB/T 11258)的有关规定。技术指标宜按本册附录B的规定选择。

条文说明

处于台风区域的桥梁宜选择三向超声风速仪,测试参数应包括脉动风速、平均风速、风向和风攻角等。

6.2.3 桥址处地震动监测宜选用力平衡式三向加速度传感器,应符合强震动观测的要求,技术指标宜按本册附录 B 的规定选择。

6.2.4 船舶撞击监测可与地震动监测、结构振动监测统一设计、数据共享,可辅助视频监控。

6.2.5 温度监测宜选用电阻温度计、数字温度计和光纤温度计,测量范围宜超出年极值最高温度(+30℃)和年极值最低温度(-20℃),误差≤±0.5℃。

6.2.6 湿度监测宜选用工业级湿度传感器,误差≤±2%RH,技术指标宜按本册附录 B 的规定选择。

6.2.7 降雨量监测宜根据桥址处气象和气候特点选用翻斗式雨量计,误差≤3%,技术指标宜按本册附录 B 的规定选择。

6.2.8 结构整体振动监测宜根据桥梁结构主要参与振动的振型选用三向、双向和单向加速度传感器,量程、灵敏度、误差和动态频响特性应符合桥梁结构振动监测的要求,技术指标宜按本册附录 B 的规定选择。

条文说明

基频较低的大跨径桥梁,宜选用低频性能优良的力平衡式加速度传感器;基频较高的中小跨径桥梁或斜拉索、吊索、系杆等构件,可选用电容式加速度传感器和压电式加速度传感器。

6.2.9 位移和变形监测可根据表 6-1 的推荐选项选用全球导航卫星系统、压力变速器、静力水准仪和位移计等,传感器量程和误差应符合桥梁位移和变形监测的要求,全球导航卫星系统鼓励选用北斗卫星导航系统,位移计误差≤0.5%,连通管系统的误差≤0.1%,倾角传感器的误差≤±0.01°。技术指标宜按本册附录 B 的规定选择。特殊条件下的结构和构件位移监测,可选用视频图像法或雷达测试法。视频图像法应符合现行《公路桥梁结构监测技术规范》(JT/T 1037)的规定,并宜符合现行《交通信息采集 视频车辆检测器》(GB/T 24726)的相关规定。

表 6-1 位移和变形监测方法选择

监测方法	桥型			
	悬索桥	斜拉桥	梁桥	拱桥
全球导航卫星系统	●	●	—	—

续上表

监测方法	桥　　型			
	悬索桥	斜拉桥	梁桥	拱桥
压力变送器	●	●	—	—
静力水准仪	—	—	●	●
位移计	●	●	●	●
倾角传感器	●	●	●	●

注：●为推荐选项。

条文说明

大跨径悬索桥、斜拉桥加劲梁、主梁横桥向变位、索塔偏位、主缆横桥向变位宜采用全球导航卫星系统(包括北斗、GPS等)。长大桥梁根据实际条件，加劲梁、主梁挠度监测宜选用基于连通管系统的压力变送器或静力水准仪，其量程应根据管路最大高差计算确定。

6.2.10 应变监测可根据表6-2的推荐选项选用光纤光栅应变传感器、振弦式应变传感器、电阻应变传感器，量程、误差和标距应符合桥梁结构应力和应变监测的要求，并应考虑温度补偿。技术指标宜按本册附录B的规定选择。

表6-2　应变监测方法选择

监测方法	结构类型	
	钢结构	混凝土结构
光纤光栅应变传感器	●	●
振弦式应变传感器	—	●
电阻应变传感器	●	—

注：●为推荐选项。

条文说明

应变传感器应根据被测构件的材料和构造特点选择合适的标距和传感器类型。不同传感器类型最高采样频率不同，振弦式应变传感器适合低频采样，电阻应变传感器、光纤传感器可应用于高频采样。

6.2.11 索力监测宜根据监测要求、被测拉索的特性，结合表6-3的推荐选项选用加速度传感器(频率法)、力传感器、光纤光栅智能索力传感器等，监测误差≤3%。加速度传感器(频率法)的技术指标宜按本册附录B的规定选择。

表6-3 索力监测方法选择

监测方法	桥型			
	悬索桥	斜拉桥	梁桥	拱桥
加速度传感器	●	●	—	●
力传感器	●	●	●	●
光纤光栅智能索力传感器	—	●	—	—

注：●为推荐选项。

6.2.12 拉索断丝监测宜选用声发射传感器。裸露于空气中的钢索结构可选用谐振频率较高的声发射传感器，埋设于混凝土内的预应力钢索宜选用谐振频率稍低的声发射传感器。

6.2.13 支座反力监测宜采用直接测力的成品测力支座，误差应小于被测支座标称竖向承载力值的5%。

条文说明

测力支座的技术要求应在主体结构设计文件中明确，由符合要求的支座厂家加工制作。

6.2.14 混凝土结构腐蚀监测可选用沿混凝土保护层深度安装多电极电化学传感器，电压测量范围宜位于 $-2000 \sim +2000$ mV 之间，电压误差 $\leq \pm 2$ mV，电流测量范围宜位于 $-2000 \sim +2000$ μA 之间，电流误差 $\leq +2$ μA，监测混凝土保护层腐蚀侵蚀深度，判断钢筋的工作状态。

6.2.15 基础冲刷应根据桥址处水流速度、含沙量等水文参数以及设计允许冲刷深度综合选定监测设备。宜采用声学监测方法监测冲刷深度，采用雷达法监测水流速度，冲刷深度分辨力宜小于或等于5mm，误差宜 $\leq \pm 0.1$ m；水流速监测仪器的量程应大于或等于 ± 5 m/s，最大允许误差应不大于 $\pm 1\%$ F·S，分辨力应小于或等于0.1cm/s。

条文说明

声呐传感器探头类型和数量应根据被测墩身基础类型、尺寸和水流特点确定；声呐探头位置可根据桥梁冲刷专题研究报告的桥墩（台）冲刷试验结果确定，圆形桥墩宜布设在桥墩上下游和两侧，圆端形桥墩宜布设在桥墩上游、下游以及在桥墩侧面最大冲刷位置，冲刷较严重情况宜在周边侧面同断面布设。

6.2.16 视频和图像监测宜选用工业一体化网络球型摄像机，图像分辨力≥200万像素，帧率≥25帧/s，应配备以太网接口，并根据实际需要配备夜视功能或补光灯。

6.3 数据采集方式

6.3.1 数据采集方式应根据桥梁跨度、长度、空间尺度及结构特点、监测规模、传感器类型进行选择（表6-4），可分为分布式数据采集、集中式数据采集以及两者结合的数据采集方式。

表6-4 数据采集方式选择

监测方法	桥型			
	悬索桥	斜拉桥	梁桥	拱桥
分布式	●	●	—	—
集中式	—	—	●	●
分布式和集中式相结合	●	●	●	●

注：●为推荐选项。

条文说明

单孔长大桥梁空间尺度大、测点较为分散，宜选择分布式数据采集方式，多孔长大桥梁宜根据桥梁特点选择分布式或分布式和集中式相结合的数据采集方式。

6.3.2 数据采集设备应考虑传感器的分辨力、信号类型、接口的兼容性，保证信号高信噪比、不失真，确保获得高质量、高精度的有效数据。动态信号应进行抗混滤波，满足采样定理。

6.3.3 数据采集设备的模数转换分辨力应满足实时报警、数据分析及应用的要求，宜≥24位AD。技术指标宜按本册附录B的规定选择。

6.3.4 光纤光栅信号采集应选用光纤光栅解调仪，应注意温度对光信号调制解调的影响，宜根据情况配置温控机柜。技术指标宜按本册附录B的规定选择。

6.3.5 数据采集应考虑时间同步，时间同步精度应满足数据处理、数据分析及状态评估的要求。动态信号的时间同步精度≤0.1ms，静态信号的时间同步精度≤1ms。

6.3.6 数据采集可选用连续采集、触发采集和定时采集等方式，采集频率应满足实时报警、数据分析及应用的要求，可根据监测需求参照表6-5进行设定、调整。

表6-5 数据采集频率

监测类别	监测内容	采集频率
环境	温度	≤1/600Hz
	湿度	1/600Hz

续上表

监测类别	监测内容	采集频率
环境	雨量	1/60Hz
	结冰	在线:25 帧/s
作用	车辆荷载	动态称重设备:触发采集 视频:25 帧/s
	风速、风向	超声风速仪:10Hz 机械式风速仪:1Hz
	风压	10Hz
	船舶撞击	触发采集加速度:50Hz 视频:25 帧/s
	地震	触发采集加速度:50Hz
结构响应	位移	动态:20Hz 静态:1Hz
	转角	1Hz
	应变	动态:10Hz 静态:1/600Hz
	索力	压力传感器:1Hz 加速度传感器:50Hz 电磁弹射传感器:1/3600Hz
	支座反力	1Hz
	振动	20Hz
结构变化	基础冲刷	在线:1MHz 离线:每年1~2次
	锚碇位移、拱脚位移、桥墩沉降	在线:1/3600Hz 离线:每年1~2次
	裂缝	动态:10Hz 静态:1/3600Hz 图像:每周1次
	腐蚀	在线:1/3600Hz 离线:每年1~2次
	体外预应力	在线:1/3600Hz 离线:每年3~4次

续上表

监测类别	监测内容	采集频率
结构变化	断丝	触发采集：2MHz
结构变化	螺栓状态	在线：1Hz 图像：每周1次 离线：每年1~2次
结构变化	索夹滑移	在线：1Hz 图像：每周1次 离线：每年1~2次

6.4 数据传输方式

6.4.1 数据传输方式应根据桥址环境、监测规模、传感器及采集设备类型进行选择(表6-6)，可分为有线传输、无线传输以及两者相结合的数据传输方式。

表6-6 数据传输方式选择

监测方法	桥　　型			
	悬索桥	斜拉桥	梁桥	拱桥
有线传输	●	●	●	●
无线传输	—	—	●	●
有线传输和 无线传输相结合	●	●	●	●

注：●为推荐选项。

6.4.2 有线传输应选用带宽高、传输距离远、可靠性高、抗干扰能力强的光纤传输，传输网络宜采用基于TCP/IP协议的光纤专网。

6.4.3 无线传输应根据监测规模、监测需求及具备的网络条件选择适宜的无线通信网络，带宽、传输距离、时延应满足监测需求。

6.4.4 数据传输设施应高效、可靠、稳定地长时间运行，平均故障间隔时间应≥30000h，平均IP包传输时延应≤100ms，IP包丢失率应≤1×10^{-5}。

条文说明

平均IP包传输时延(Mean IPTD)是指一个数据流中所有IP包传送时延的算术平均值。IP包丢失率(IPLR)是指丢失的 IP 包传送结果与所有 IP 包的比值。

6.4.5 数据传输协议和数据交换标准应统一设计,与外部系统之间数据交换宜采用数据服务接口形式。

6.4.6 采集到的监测数据应稳定可靠地传输到数据中心,宜采用消息认证、数字签名等技术保证数据传输的完整性、实时性、安全性和鲁棒性。

6.5 数据存储方式

6.5.1 对监测系统采集的各类数据,应根据其重要程度、使用频率和数据量大小进行分级分类存储管理,存储方式宜分为在线存储、近线存储和离线存储。

6.5.2 监测系统数据采集设备应在桥梁现场提前安装,并具备不少于 180 天的原始数据存储空间,应能够实现在网络中断情况下原始数据的本地存储,并可在网络恢复后将数据回传至监控中心。

6.5.3 测点较少的监测系统宜选用 DAS(直连式存储)模式,对数据存储容量大、数据可靠性和安全性要求高的系统宜选用 SAN(存储区域网)模式。

条文说明

DAS(Direct Access Storage):直连式存储,该模式下存储设备直接连接于主机服务器的存储方式,每一台主机服务器都有独立的存储设备(即服务器磁盘),是一种结构简单、成本较小的存储模式。

SAN(Storage Area Network):存储区域网,通过高速光纤通道交换机连接存储阵列和服务器主机,组成专用存储网络。SAN 存储模式具有存储容量大、存取速度快、安全性高等特点,适用于大数据量关键数据的存储。

6.5.4 监测系统在线存储空间应满足原始数据存储不少于 3 年,处理后的特征数据存储不少于 5 年的容量要求,超过时限的数据可转存至低成本的离线存储介质上。

6.5.5 监测数据离线存储可选用光盘、磁带或磁带库等低成本存储介质,对于离线存储数据应永久保存,以便查找追溯。

6.5.6 视频数据存储方式宜采用循环更新存储方式,普通视频存储宜不少于 1 个月,突发事件视频应进行转移备份存储并永久保存。

6.5.7 可考虑租用云服务商提供的云存储方式,云存储方案应综合考虑网络带宽、数据安全、存储容量等要求,确保满足应用要求。

6.5.8 监测系统数据存储应具备容灾备份机制,并具备数据压缩存储和异地备份功能,对关键数据宜定期进行异地备份。

7 监测系统

7.1 一般规定

7.1.1 监测系统涵盖的环节可分为系统设计、系统实施、系统交付、系统应用和系统维护,应利于维护、易于升级、便于扩展。

7.1.2 各级监测系统平台应设计采用统一数据交换传输标准、数据存储及数据管理标准,实现数据分级管理、归集与同步。

7.1.3 对于既有桥梁监测系统的升级、改造,应按照本指南规定的数据交换传输标准进行软件接口的设计、开发。

7.1.4 监测系统应进行安全认证,实现监测系统的身份鉴别、接入认证、访问控制和数据完整性、保密性管理。

7.2 系统设计

7.2.1 系统设计应包括下列主要内容:
1 系统构建基础性分析,主要包括环境和作用特点分析、结构特性分析、风险易损性分析、试点桥梁及既有监测系统状况分析、养护需求对策分析等。
2 系统总体设计,主要包括设计依据、架构组成、功能作用等。
3 系统详细设计,主要包括:
1)监测内容和测点布设;
2)监测方法、传感器选型、数据采集、传输、存储管理方案;
3)监测设备安装方案;
4)系统供电、接地、防雷、防护、预留预埋方案;
5)软件功能设计、性能要求和开发部署方案;
6)数据应用、报警、数据分析及状态评估方案。
4 系统与主体结构、数据中心、防雷接地、交通工程及沿线附属设施等工程界面的划分与衔接。

条文说明

系统设计的重点工作为监测内容与测点布设、系统选型集成与软件开发部署设计和数据应用,均体现在详细设计中,具体流程如图7-1所示。各监测内容对应的监测目的目标、测点布设及监测方法可参见本册附录。

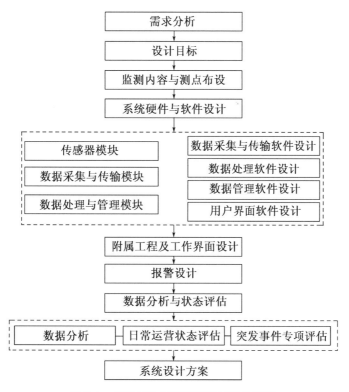

图7-1 桥梁结构健康监测系统设计流程

7.2.2 传感器选型应与监测内容、测点布设和系统集成相适配,一桥一策,设计应给出环境适应性、量程、分辨力、精度、灵敏度、动态频响特性等技术指标要求。

条文说明

传感器选型时应考虑数据采集、数据传输、供电等的接口要求,满足系统集成的总体要求。

7.2.3 传感器量程应与量测范围相匹配,并具有足够的量程储备量,对于监测冲击的传感器宜控制在满量程的20%~30%之间;对于其他监测值,宜控制在满量程的30%~70%之间。

7.2.4 传感器分辨力应与最小测量值相匹配,分辨力宜控制在监测值的1/15~1/8之间。

7.2.5 数据采集与传输模块包括数据采集与传输设备及光电缆线、数据采集与传输软件,应与传感器相适配,传感器信号数据应同步采集与实时传输。

7.2.6 数据采集与传输设备选型设计应一桥一策,综合考虑环境适应性、技术先进性、稳定可靠性给出技术指标。

7.2.7 系统设计应结合抗干扰、接地、防雷、防护措施配备保护机柜。监测设备防护设施应明确"防尘、防震、防水"指标要求。

条文说明
置于桥梁结构内部的保护机柜,其防护等级不宜低于 IP55,置于外部的不宜低于 IP65,并符合现行《电子设备机柜通用技术条件》(GB/T 15395)的有关规定。

7.2.8 监测系统软件架构应考虑内部功能独立性和外部扩展性,应采用面向服务的软件架构(Service-Oriented Architecture)。

7.2.9 软件系统宜划分为数据采集与传输软件、数据处理与管理软件和用户界面软件。

7.2.10 数据采集与传输软件应与感知设施匹配,应符合以下功能要求:
1 具有灵活的兼容性和可扩展性,具备数据采集频率、采集通道、采集参数转换等设置功能。
2 实现各类传感器信号的自动化采集、原始数据本地存储功能,并将数据通过可靠网络发送至数据处理与管理软件。
3 具备完善的日志记录功能,能够记录常见系统运行故障,并具备故障自动恢复功能。
4 具备原始数据本地暂存功能,在网络故障情况下将数据自动存储在本地计算机中,待网络恢复后续传数据。
5 采集设备和软件支持远程集中控制,保证只有授权用户才可对设备和软件参数进行配置或变更。
6 采集软件前置安装运行在桥梁现场,能够在高温、高振动、高电磁干扰等复杂环境下连续稳定运行。

7.2.11 数据处理与管理软件应能够接收并处理数据采集与传输软件发送来的数据,实现数据解析、数据清洗、特征值提取、存储管理等功能。

7.2.12 用户界面软件应符合以下要求:
1 采用 B/S(浏览器/服务器)架构构建主体软件界面,满足多用户访问系统的需求。
2 直观反映桥梁结构状态变化,界面布局清晰合理,符合用户使用习惯。
3 软件能够实现高频数据的实时动态展示,采用时程曲线、数据列表、大屏驾驶舱等多种方式展示数据实时变化及规律。

4　具备在线数据分析功能,包含相关性分析、对比性分析、趋势性分析等。

5　设置灵活的查询条件并支持结果导出功能。

6　具备超限警示提醒功能,应按照本册第9.2节规定计算并设置超限报警阈值,当数据超过报警阈值时,宜通过颜色变化、界面闪烁、短信提示、声光报警等多种方式的选择提醒用户。

7　控制类操作界面响应时间不多于3s,查询类操作响应有明确的进度提示。

8　具备用户角色管理、权限控制功能,能够根据用户身份控制其界面访问和数据访问权限。

9　对于有特别移动访问需求的用户,能够附着开发运行在手机、平板上的小程序、App等,功能包含实时数据展示、历史数据查询、报警消息推送、视频信息监控等。

7.2.13　系统设计时应充分考虑与桥梁管养单位企业级、省级、部级桥群监测平台数据互联互通要求;宜预留传输接口。

7.2.14　监测系统设计应至少配备3台高性能服务器,分别安装数据处理与管理软件、中心数据库软件和平台应用软件,对于GNSS(全球导航卫星系统)、动态称重监测项应单独配备计算机设备,各设备性能指标要求应在设计文件中予以明确。

7.2.15　监测系统升级改造设计应利用既有服务器等硬件设备,并应按需新增计算及存储设备以满足系统升级后运行要求。

7.2.16　监测系统应设计安全保护措施。

7.3　系统实施

7.3.1　系统实施应包含硬件实施、软件开发及软硬件联合调试3部分。

7.3.2　硬件实施应包括施工准备、施工组织设计、桥位外场和数据中心内场的设备、设施安装与调试,应按照相关行业规范执行。

7.3.3　硬件实施采用的设备材料应符合国家现行有关标准的规定,应进行出厂检测并合格。

7.3.4　桥梁监测系统的供电、通信、数据中心、预留预埋、开孔开洞需求,应纳入施工图设计文件。业主单位和监理单位应协调确定监测系统与其他工程的工作界面,并指定专业化施工单位协助配合。

7.3.5　监测系统实施准备应符合以下规定:

1　施工准备应由技术准备和资源准备组成。

2 技术准备包括工程资料收集、现场踏勘、施工组织设计、技术交底等工作。

3 资源准备包括项目部组建,监测设备采购与进场报验,供电、通信、数据中心、预留预埋、开孔开洞等协调,施工工具、机械准备,临时设施与安全防护设施搭建等工作。

7.3.6 施工组织设计应符合以下规定:

1 由系统实施单位在完成现场踏勘工作后进行。

2 由施工技术方案、施工组织方案等组成。

3 施工技术方案包括传感器、数据采集与传输设备、光电缆线路、数据中心、附属设施等的安装和调试方案等。

4 施工组织方案应包括建设组织规划,建设进度计划,质量、安全、环保的措施等。

7.3.7 安装调试应符合以下规定:

1 传感器、数据采集与传输设备的安装位置应满足设计要求,传感器应通过可靠方式与被测结构物牢固连接,并采取适当的措施予以保护;安装调试过程应依据作业程序和要求开展,按有关规定准确填写施工记录表,记录、整理必要的设备编码、安装参数、初始数据和资料等。

2 光电缆线应与大桥其他缆线保持必要的距离,并采取必要的屏蔽措施。光缆敷设弯曲半径应大于光缆外径的 20 倍,双绞线、同轴电缆、大对数线缆的弯曲半径应不小于电缆外径的 15 倍,接头部位应平直不受力。

3 光缆接续时应尽量减少接续损耗,每道工序完成后采用前向双程测试法测量接头损耗,中断段光纤的平均接头损耗≤0.05dB/个。

4 供电、接地、防雷的建设应满足设计及相关规范要求;当电压波动较大、供电不稳时,应在供电设备输出端加设交流稳压装置,稳压后对监测设备进行供电。

5 传感器安装前应进行必要的校验,安装到位后应采集初始值,监测系统完工后应建立监测基准。

7.3.8 应对附属设施进行设计和界面划分,与其他工程的界面划分应符合下列规定:

1 系统设计单位设计主体结构上的预留预埋件、开孔开洞,由专业施工单位负责施工,对局部防腐涂装、安全防护造成的局部损伤应现场及时专业修复。

2 系统专用的不间断供电回路,应与由交通机电专业施工单位联合设计并施工,供电接入点应设在监测系统的数据采集站内。

3 系统的通信光纤,应与交通机电施工单位联合设计并施工,光纤接入点应设在监测系统的数据采集机柜内。

7.3.9 综合布线的桥架宜采用热镀锌、不锈钢、铝合金材质的防火槽式桥架,穿线管宜采用包塑不锈钢软管、热镀锌钢管,光电缆的使用寿命应满足设计要求,并符合现行《综合布线系统工程设计规范》(GB 50311)的有关规定。

7.3.10 系统防雷应基于桥梁现有主体结构防雷体系,考虑区域强电防雷、弱电防雷、等电位连接及接地,符合现行《建筑物电子信息系统防雷技术规范》(GB 50343)的有关规定进行新建或改造。

7.3.11 系统软件开发应包含软件开发、软件测试、软件部署以及与系统硬件的联合调试,应由第三方软件测试单位进行软件各功能测试。

7.3.12 系统软件开发应符合以下规定:

1 采用主流的软件开发技术和框架,软件内部各模块功能独立,模块之间耦合性低。

2 软件编写遵循国际通用编码规范和注释规范,程序编码风格应简洁易读、结构清晰、易于调试维护。

3 对于需要多方协同开发的软件,使用软件代码版本控制工具。

4 未经业主单位允许,软件系统内部不得内置与业务功能无关的后门程序、加密模块等。

5 按照《计算机软件文档编制规范》(GB/T 8567)等计算机软件行业标准要求编写软件开发文档和接口文档。

6 软件开发时选用技术路线考虑安全性、可靠性和技术先进性,可采用边缘计算、分布式处理、消息中间件、时序数据库等先进可靠技术。

7.3.13 系统软件测试应符合以下规定:

1 软件开发完成后由具备相关资质的软件测评单位进行软件测试。

2 软件测试前编写测试方案和测试用例,测试流程和内容应符合现行《计算机软件测试规范》(GB/T 15532)和《计算机软件测试文档编制标准》(GB/T 9386)的相关要求。

3 软件测试完成后由测评单位出具《软件测试报告》,报告应详细描述每个测试用例的测试结果,对于重大功能偏离、缺陷和逻辑错误,需经开发单位修复完善后再次提交测试,最终测试通过率应不低于测试用例总数的95%。

7.3.14 系统软件部署应符合以下规定:

1 软件部署前编制软件部署建设指南,开发过程规范有序,开发完成后各功能完好。

2 软件现场部署前,服务器、工作站、工控机等硬件安装完毕并接电稳定运行,数据中心网络、供电、通信、照明等应满足设计要求。

3 操作系统、应用组件、数据库等应用支撑软件的安装和配置满足软件设计文件的要求。

4 软件安装和调试分步进行,软件部署完成后大桥现场、数据中心同步功能确认。

7.3.15 软件安装完成后与外场硬件的联合调试,应符合以下规定:

1 数据采集与传输软件部署完成后与桥梁现场感知设施进行数据采集校验,确保数据输出通道、数据流、方向、精度等与外场设备安装一致。

2 数据处理与管理软件部署完成后与桥梁现场感知设施和数据采集与传输软件进行数据对接，确保数据接收、处理和存储等功能满足设计文件要求。

3 软硬件联合调试完成后，用户界面软件各项功能正常，监测数据展示准确，界面数据值、数据精度、数据单位应与设计文件和传感器输出一致。

4 各软件节点与外场传感器之间的时间同步误差、网络延迟误差、信号噪声量等满足设计文件规定。

7.3.16 系统建设软件功能完好率100%，数据完好率≥95%。

7.4 系统验收

7.4.1 系统具备交付条件时，应及时组织验收交付投入使用。系统验收应包括硬件验收、软件验收和资料验收三部分。

7.4.2 硬件验收应包含以下内容：

1 进场设备材料的数量、规格型号、技术参数等与合同文件、设计文件的一致性，合格证、质保卡、说明书及出厂检验报告、传感器的计量或标定证书等是否齐全。

2 传感器安装位置正确、牢固、端正、表面平整，与结构物接触面紧密，采取必要的防腐防护措施，信号线按要求连接到位。

3 数据采集设备处于正常工作状态，机柜内电力线、信号线、元器件等布线平直、整齐、固定可靠，插头牢固，标识清晰。出线管与箱体连接密封良好，机柜内无积水、尘土、霉变；机柜接地连接可靠，接地引出线无锈蚀。

4 光电缆线路敷设与数据中心设备安装应满足现行《公路工程质量检验评定标准 第二册 机电工程》(JTG F80/2)的有关要求。

7.4.3 软件验收应包含以下内容：

1 数据采集与传输软件功能完整性和一致性检查，正常采集、存储、转发监测数据，各项功能指标满足设计文件要求。

2 数据处理与管理软件功能完整性和一致性检查，正常接收、处理、存储、转发监测数据，各项功能指标满足设计文件要求。

3 用户界面软件功能完整性和一致性检查，各软件模块功能满足设计文件要求，静态基础数据、实时监测数据、历史统计数据等各类数据准确、齐全。

4 软件整体请求响应速度、数据刷新率等性能指标满足设计文件要求。

7.4.4 资料验收主要检查文档的齐全性、规范性和一致性，应包含以下内容：

1 合同相关资料:合同协议书、合同谈判纪要等。
2 实施过程资料:系统设计文件、系统变更资料;设备进场报验资料、监测设备设施安装记录、设备设施检验资料;监理资料;有关会议纪要等。
3 交工验收资料:系统实施总结报告、系统竣工图、系统硬件手册、系统软件使用手册和系统试运行报告。

7.5 系统维护

7.5.1 应按年度组织编制系统维护计划,包含备品备件清单、数据分析计划、系统维护费用预算。

7.5.2 应对系统管理使用单位人员进行系统使用培训。

7.5.3 应定期进行系统检查和维护,及时维修或更换故障设备,建立设备维护台账。

7.5.4 系统硬件设施维护宜分为日常维护和定期维护。

7.5.5 系统硬件设施日常维护应符合下列规定:
1 日常维护的主体为桥梁管养单位,结合桥梁日常巡查工作开展。
2 系统的日常维护对巡查路线上监测设备的表观完好性进行检查,并对巡查情况进行记录。
3 每天对数据中心UI(用户)界面展示的监测数据以及机房计算机设备和工控机运行状态进行检查并记录。
4 对巡查中发现的问题或系统软件反馈的问题,进行及时处置或通知专业单位进行处置,并对处置结果进行记录。

7.5.6 系统硬件设施定期维护应符合下列规定:
1 定期维护主体为专业维护部门或机构,至少每半年进行一次定期维护,遇强风等可预报的应急状况发生前,需对系统进行专项定向维护。
2 需对监测传感器、采集器等的表观完好性进行检查;对设备及防护罩的固定情况,以及传感器、采集器与传输线路的接头紧固情况进行检查。
3 对现场采集站、数据中心内等易受灰尘影响的设备及机柜进行除尘处理。
4 对基于连通管原理设备的液位情况定期检查,补充连通管内液体至设计液位。
5 需对维护中发现的问题在24h内快速处置。

7.5.7 软件系统维护宜分为日常检查、定期维护和应急维护。

7.5.8 软件系统日常检查应符合以下规定：

1 每周应开展不少于1次的日常检查。

2 日常检查内容包括各软件模块功能工作状态检查、实时数据及历史数据检查、超限数据检查确认等。

3 在系统不停机状态下进行软件日常检查，确需停机维护的，应提前告知桥梁管养单位，并尽量在夜间进行维护操作。

7.5.9 软件系统定期维护应符合以下规定：

1 每月应开展不少于1次的定期维护。

2 软件定期维护内容包括软件系统时间同步检查、磁盘存储空间检查及清理、数据库异地备份及软件运行日志检查等。

3 对于有配置参数修改、更正的维护操作，需提前做好备份，并在维护完成后记录，按需向桥梁管养单位汇报。

7.5.10 软件系统应急维护应符合以下规定：

1 系统出现功能缺陷、突发故障、数据中断等情况时，或遭遇台风等可预测的应急状况发生前，进行应急专项维护。

2 软件应急维护内容包括软件崩溃恢复、功能异常修复和数据异常更正等。

3 当发现软件功能故障、界面数据异常或中断、数据超限报警等情况时，及时通知软件维护单位进行处置和确认。

4 对于非软件功能、性能因素造成的数据异常或中断等，联合硬件维护人员联合排查、修复并记录。

7.5.11 应根据监测系统维护工作计划列支下一年度系统维护费用。

7.6 系统安全

7.6.1 单桥监测系统应从物理层、网络层、系统层、数据权限、数据库等方面考虑系统安全性要求。

7.6.2 系统数据中心应优先考虑桥梁现场管养中心机房和监控中心。机房需建立完备的物理安全保障措施，配备消防设施、防雷击和电磁干扰设备、视频安防和门禁系统，并配备恒温空调和UPS（不间断电源）设备保证温湿度环境及供电要求。

7.6.3 数据中心应按照功能合理划分安全域，宜分为数据存储域、数据处理域、应用服务域和工作域，各安全域之间应能够进行有效隔离。

7.6.4 应采用防火墙技术实现核心应用层与互联网之间的安全阻断与隔离,各应用服务器应采取必要的安全防护措施,以阻断木马程序、病毒的传播。

条文说明

  防火墙技术能够有效隔离外部网络攻击,一般分为硬件防火墙和软件防火墙。硬件防火墙是通过硬件和软件的组合达到隔离内外部网络的目的,一般嵌入在路由器、交换机等设备中;软件防火墙一般集成在操作系统平台,通过纯软件方式实现内外网隔离。

7.6.5 各应用服务器、工作站应安装防病毒软件、安全审计系统等,保证系统运行安全。

7.6.6 监测系统软件数据权限安全应符合以下规定:

  1 软件系统设置基于角色的用户权限管理模块,能够通过角色实现界面权限和数据权限的授权访问。

  2 系统登录具备用户密码复杂性校验功能,定期提示用户更换密码,用户密码需要进行加密存储。

  3 系统内置超级管理员用户,具备密码重置及用户名单查询与导出功能;设计安全加密和分级授权策略,保证系统访问安全。

  4 系统软件具备完善的日志记录功能,能够对用户登录、页面操作、配置修改、恶意攻击、系统故障等信息进行自动记录保存,能够事后统计和追查用户的访问操作。

7.6.7 应采用用户标识和鉴定、数据存取控制、视图机制、数据库审计等方式保证数据库系统安全。

7.6.8 采用云服务商公有云作为运行环境时,云服务商应按桥梁数据安全管理设计要求设置安全保护措施。

8 监测数据

8.1 一般规定

8.1.1 监测数据应客观真实、精确可靠地显示监测项目各测点传感器的实时数据。

8.1.2 监测数据宜采用分布式存储、大数据分析、多源数据整合等技术进行存储、管理和应用。

8.1.3 监测系统应采取措施减少因信号噪声、信号衰减、传感器误差等因素造成的数据失真,提高数据的可靠完整性。

8.1.4 对于动态监测数据制定数据采集传输接口标准,对于静态数据应编制数据字典。

8.1.5 监测数据处理应剔除错误数据,提取反映监测内容的有效特征数据。

8.1.6 监测数据宜作为桥梁全寿命周期数字档案永久保存。

8.2 数据标准

8.2.1 监测数据应参照以下规则进行分类:
1 按照数据类型划分,监测数据宜分为桥梁基础数据、应急事件数据、监测点属性数据等业务类数据,以及实时监测数据、历史特征数据、车辆荷载数据、视频监控数据等监测类数据。
2 按照监测类别划分,监测数据宜分为环境类监测数据、作用类监测数据、响应类监测数据和变化类监测数据。

8.2.2 监测数据编码规则应符合以下规定:
1 应参照现行《公路数据库编目编码规则》(JT/T 132)要求对公路桥梁进行编码,公路桥梁代码应由"路线编号+行政区划代码+L(R/Z/K/Y)+四位数字编号"组成。
2 桥梁基础数据应包含桥梁名称、桥梁代码、桥梁结构基本信息、桥梁管理单位信息等内容。
3 桥梁监测点编号应按照固定的规则进行编码,编码规则应简洁易懂,宜由"桥名简称-监测项简称-构件类型-截面序号-构件序号-测点编号"组成。

4　实时监测数据应包含测点编号、数据采集时间、当前值、数据状态等信息。

5　应将实时监测数据按照一定的时间间隔采样统计为特征值数据,包含最大值、最小值、平均值、RMS(均方根值)等统计方式,特征值统计时间间隔应可自定义配置。

6　超限报警数据应记录测点编号、超限级别、超限值、超限时间等信息,超限级别划分应与本册中明确的报警级别保持一致。

7　视频监控数据应以视频媒体文件形式压缩存储,每个视频文件应对应存储其属性信息,包含摄像头编号、采样分辨力、采集起止时间、摄像机方向、工作状态等信息。

8.2.3　监测系统实时数据传输协议应按照本册附录 E 规定进行监测数据实时采集与传输。

条文说明

本册附录 E 中规定了三类实时数据传输协议,分别为:

(1)通用报文协议,主要用于传输温湿度、位移、振动、风荷载、挠度、降雨量、倾角、索力、支座反力、冲刷等大多数监测数据;

(2)GNSS 报文协议,专门针对使用 GPS 和北斗作为监测设备的监测项,主要传输监测点的空间坐标相对变化量;

(3)车轴车速仪报文协议,专门针对 WIM(动态称重系统)监测项,主要传输车型、轴重、车速等车辆交通荷载信息。

8.2.4　与其他业务系统进行数据交换共享的,应符合以下规定:

1　与其他系统之间数据交换应采用数据接口服务的方式,有网络隔离要求的应采用中间存储介质的方式进行数据交换。

2　数据交换接口设计应充分考虑各子系统运行稳定性要求,应采取必要的权限验证和安全管理措施保证数据的安全性。

3　监测数据通过互联网传输时,宜采用通过传输加密和身份认证的 Https 协议,并在数据交换时采用动态密钥进行权限身份认证。

8.2.5　监测系统接入企业级、省级监测平台和部级数据平台时,宜采用基于 IPSec 协议或 SSL 协议建立 VPN(虚拟专用网络)连接,并需满足省部级平台对于网络安全等级保护的基本要求。

条文说明

SSL 协议和 IPSec 协议是目前主流的两种 VPN 网络加密协议,SSL 主要用于单点接入网络,IPSec 主要用于网络与网络之间的互联,实际使用时应根据网络传输要求选用相应的 VPN 加密协议。

8.3 数据处理

8.3.1 监测系统软件应能够接收并解析桥梁现场发送的各类监测数据,并具备数据预处理、二次处理、特征值提取以及数据持久化存储功能。

条文说明

由于传感器、数据采集、数据传输系统等原因,监测系统采集的数据时常出现错误,这些错误数据将严重影响监测数据分析结果的正确性。因此,在进行数据分析前,需进行数据处理,将错误数据剔除。错误监测数据的剔除应选用成熟可靠的方法,例如机器学习的方法。

8.3.2 系统软件宜能够通过可视化界面远程进行数据处理参数设置。

8.3.3 应针对不同的监测项设计对应的处理方法,对数据进行滤波、特征提取、数据解耦、转换与统计等处理。

8.3.4 宜采用人工智能、深度学习等先进技术对大跨径悬索桥涡振、拉索/吊索异常振动等开展数据分析处理探索研究。

8.3.5 应明确定义处理后监测数据的数据单位、数据方向、数据精度。

条文说明

数据单位采用国际标准单位,不同类型监测项数据单位及数据方向宜参照本册附录 C 的规定。

8.3.6 数据处理宜采用多线程、分布式并行计算、Redis 等技术提升数据处理和存取效率,最大程度提升数据处理时效性。

8.4 数据管理

8.4.1 宜采用数据库技术对结构化数据进行永久性存储,并能以数据接口形式对外提供数据调用和查询功能。

条文说明

数据库是按照一定的数据结构来组织、存储和管理数据的仓库,是一个长期存储在计算机内的、有组织的、可共享的、统一管理的大量数据的集合。

8.4.2 数据库设计应遵循技术先进、架构合理的设计原则,宜按照不同的数据类型和功能进行分类存储管理。

8.4.3 宜按照监测系统功能模块和业务类型划分为实时数据库、统计分析数据库、桥梁结构信息数据库、监测系统信息数据库、结构安全评估数据库等专项数据库。

8.4.4 应考虑数据量增长对于数据存取的压力,基于数据安全和存取效率,宜探索采用读写分离、视图机制、分布式存储、时序数据库等方式。

8.4.5 对于视频、图片、文档等非结构化数据,应设计完整的存入、检索、导出功能,设置适宜存储资源进行存储管理,不同数据类型应分类建立单独的存储目录结构。

条文说明

非结构化数据是数据结构不规则或不完整,没有预定义的数据模型,不方便用数据库二维逻辑表来表现的数据,包括所有格式的办公文档、文本、图片、XML、HTML、各类报表、图像和音频/视频信息等。

8.4.6 应提供参数配置功能,能够对各类监测数据的配置参数、处理频率、输出数据格式等进行自定义设置、修改。

8.4.7 应具备数据备份和故障恢复功能,并设置灾备机制对关键数据进行定期异地备份,对于故障支持自动和手工操作进行故障恢复。

9 数据分析与应用

9.1 一般规定

9.1.1 数据分析与应用围绕桥梁安全与耐久,基于监测系统监测数据,利用各类数据分析方法,对桥梁运营和结构安全进行报警,并定期进行状态评估及诊断,支撑桥梁管养科学决策。

9.1.2 数据分析与应用应包括报警、日常运营监测数据分析、突发事件监测数据分析和状态评估。

9.1.3 数据分析、评估应专业可靠,宜采用比对分析和相关性分析等有效方法,获得环境与作用以及结构响应与变化的实际情况以及趋势规律,开展状态评估。

9.1.4 应基于监测数据和监测数据的分析结果,对桥梁出现的异常状态进行实时警示报警。

条文说明

报警是桥梁结构健康监测系统的基础功能之一。由于监测系统可以24h不间断地对桥梁的环境、作用、结构响应和结构变化进行全天候感知,当桥梁运营状态发生异常导致监测数据出现异常时,监测系统可以及时给出分级警示,提示桥梁管理部门及时采取针对性措施。监测报警可分为基于直接监测数据的报警和基于监测数据分析结果的报警两类。基于直接监测数据的报警通过设定监测变量的报警阈值,当实际监测量超过阈值时,进行报警。基于监测数据分析结果的报警,通过监测数据分析,提取与结构健康状态相关的特征指标,并根据这些特征指标的变化进行桥梁结构异常状态报警。

9.1.5 桥梁日常运营监测数据分析应符合本册第9.3节的有关规定,定期形成数据分析报告。

条文说明

对桥梁日常运营中监测到的环境、作用、响应和变化等监测数据进行分析,形成数据分析报告(桥梁及监测系统的基本信息、分析项目、分析方法、分析结果、结论与建议等),用于桥梁健康状态评估。

9.1.6 当桥梁遭受洪水、流冰、漂流物、船舶或车辆撞击、滑坡、泥石流、地震、强风、海啸、火灾和特殊车辆过桥等突发事件时,应按本册第9.4节的有关规定进行突发事件专项评估,形成专项分析报告。

9.1.7 当监测数据提示桥梁运营环境、结构状态异常时,应分析监测数据、评估异常状态对桥梁结构安全的影响,并提出相应的对策措施。

9.2 报警

9.2.1 报警应遵循下列原则:

　　1　桥梁日常运营过程中出现影响桥梁结构安全、行车安全的状况时,应进行报警。

　　2　桥梁遭受地震、船撞、台风、风致异常振动等突发事件时,应进行报警。

　　3　针对环境、作用、结构响应和结构变化真实监测数据予以报警,应排除监测系统自身故障引起的数据错误情况。

9.2.2 报警应分为超限一级报警、超限二级报警和超限三级报警,应符合下列规定:

　　1　当监测数据接近或超过桥梁正常使用条件界限值,但不会对桥梁安全、正常使用和行车安全产生影响时,进行超限一级报警。超限一级报警阈值可根据养护管理规定和需求、桥梁结构特点、行车舒适度等因素确定。

　　2　当监测数据超过桥梁正常使用条件界限值且可能对桥梁安全、正常使用和行车安全产生显著影响时,进行超限二级报警。

　　3　当监测数据接近桥梁结构安全界限值或者严重影响桥梁安全、正常使用和行车安全时,进行超限三级报警。

　　4　各监测项目应根据重要程度确定报警级别、采取适当的报警响应措施。

9.2.3 报警规则和报警阈值的确定应符合下列规定:

　　1　基于监测参数历史统计值、设计值和规范容许值设定报警阈值。

　　2　考虑监测数据动态特征、统计特性以及异常特征设定报警阈值。

　　3　兼顾试点桥梁定期检查及技术状况评定结果设定报警阈值。

　　4　依据桥梁使用状况和系统运行状况可对报警阈值进行动态调整。

　　5　日常运营状态下及在台风、地震等突发事件中的报警阈值设定,宜参照9.2.7条规定。

9.2.4 报警功能应符合下列规定:

　　1　具有实时和自动报警功能,需在监测系统软件界面显示报警信息。

　　2　报警内容包括报警级别、报警传感器编号和位置、报警监测值和报警阈值。

　　3　能发布、调整和解除报警。

　　4　报警阈值应能依据桥梁和系统运行状况动态调整。

9.2.5 当根据9.4.2条第1款规定发现大跨径钢桥出现涡振时,应进行主梁涡振专项报警,报警指标宜选择主梁振动竖向加速度10min均方根值,报警阈值宜按表9-1取值。报警阈值可结合桥梁的运营环境、重要程度、涡振发生次数等进行适当调整。

9.2.6 当大跨径桥梁遭遇强/台风时,应根据平均风速大小进行专项报警,报警等级分为超限一级报警、超限二级报警和超限三级报警,报警阈值宜按表9-1取值。

9.2.7 日常运营状态下及在台风、地震等突发事件中的报警阈值设定宜符合表9-1的规定。

表9-1 报警阈值设定表

报警类别	报警内容	报警阈值[a]	报警级别	桥型类别			
				悬索桥	斜拉桥	梁桥	拱桥
环境	最高温度、最低温度、最大温差	达到1.0倍设计值	一级	●	●	●	●
		达到1.2倍设计值	二级	●	●	●	●
	构件封闭空间内相对湿度[b]	达到50%	一级	●	●	●	●
	结冰	出现结冰	一级	●	●	●	●
作用	车辆总重或轴重	达到1.5倍设计车辆荷载	一级	●	●	●	●
		达到2.0倍设计车辆荷载	二级	●	●	●	●
	风速、风向	桥面10min平均风速达到25m/s	一级	●	●	●	●
		桥面10min平均风速达到0.8倍桥面设计基准风速	二级	●	●	●	●
		桥面10min平均风速达到桥面设计风速	三级	●	●	●	●
	混凝土、钢结构构件温度	达到设计值	一级	●	●	●	●
	桥面铺装层温度	大于60℃或小于-20℃或根据铺装体系材料力学性能随温度变化关系确定	一级	●	●	●	●
	船舶撞击	发生船舶撞击事件	二级	●	●	●	●
	桥岸地表场地地震动加速度	达到设计E1地震作用加速度峰值	二级	●	●	●	●
		达到设计E2地震作用加速度峰值	三级	●	●	●	●
结构响应	主梁振动加速度	10min加速度均方根达到31.5cm/s² 且持续时间超过30min	一级	●	●	●	●
		10min加速度均方根达到31.5cm/s²	二级	●	●	●	●
		幅值持续增大,呈现发散特征	三级	●	●	●	●

续上表

报警类别	报警内容	报警阈值ª	报警级别	桥型类别			
				悬索桥	斜拉桥	梁桥	拱桥
结构响应	悬索桥吊索、斜拉桥斜拉索、拱桥吊杆(索)振动加速度	10min加速度均方根达到100cm/s²	一级	●	●	●	●
		10min加速度均方根达到300cm/s²且频繁出现	二级	●	●	●	●
	主梁竖向位移	达到0.8倍设计值	二级	●	●	●	●
		达到设计值或一个月内发现10次以上二级	三级	●	●	●	●
	主梁横向位移	达到0.8倍设计值	二级	●	●	—	●
		达到设计值或一个月内发现10次以上二级	三级	●	●	—	●
	支座位移	绝对值达到0.8倍设计值	二级	●	●	●	●
		绝对值达到设计值	三级	●	●	●	●
	梁端纵向位移	绝对值达到0.8倍设计值	二级	●	●	●	●
		绝对值达到设计值	三级	●	●	●	●
	塔顶偏位	达到0.8倍设计值	二级	●	●	—	—
		达到设计值或一个月内发现10次以上二级	三级	●	●	—	—
	主缆偏位	达到0.8倍设计值	二级	●	—	—	—
		达到设计值或一个月内发现10次以上二级	三级	●	—	—	—
	梁顶高墩墩顶位移	达到0.8倍设计值	二级	—	—	●	—
		达到设计值或一个月内发现10次以上二级	三级	—	—	●	—
	拱桥主拱拱顶位移	达到0.8倍设计值	二级	—	—	—	●
		达到设计值或一个月内发现10次以上二级	三级	—	—	—	●
	主梁、索塔、主拱关键截面静应变	超过历史最大值	一级	●	●	●	●
		超过设计最不利工况计算值	二级	●	●	●	●
	悬索桥吊索、锚跨索股力斜拉桥拉索、拱桥吊杆(索)、系杆等索力	达到0.95倍设计值	二级	●	●	—	●
		超过设计值或一个月内发现10次以上二级	三级	●	●	—	●
	支座反力	绝对值达到0.8倍设计值	二级	●	●	●	●
		绝对值达到设计值	三级	●	●	●	●

续上表

报警类别	报警内容	报警阈值[a]	报警级别	桥型类别			
				悬索桥	斜拉桥	梁桥	拱桥
结构变化	基础冲刷	达到0.7倍设计冲刷深度	二级	●	●	●	●
		达到设计冲刷深度	三级	●	●	●	●
	锚碇位移	锚碇水平位移达到0.00005倍主跨跨径,锚碇竖向位移达到0.0001倍主跨跨径	二级	●	—	—	—
		锚碇水平位移达到0.0001倍主跨跨径,锚碇竖向位移达到0.0002倍主跨跨径	三级	●	—	—	—
	拱脚位移	达到0.8倍设计限值	二级	—	—	—	●
		达到1.0倍设计限值	三级	—	—	—	●
	裂缝	出现结构性裂缝	一级	●	●	●	●
		结构性裂缝宽度超过规范限值或发展加速	二级	●	●	●	●
	腐蚀	腐蚀深度到达保护层深度	二级	●	●	●	●
	预应力	体外预应力相对损失超过5%	二级	—	●	●	—
		体外预应力相对损失超过10%	三级	—	●	●	—
	断丝	出现断丝	二级	●	●	—	●
		断丝率达到2%	三级	●	●	—	●
	索夹滑移	索夹出现滑移	二级	●	—	—	—
		索夹滑移严重或较多数量索夹出现滑移	三级	●	—	—	—
	螺栓状态	个别螺栓轻微松动	一级	●	●	●	●
		部分螺栓松动	二级	●	●	●	●
		较多螺栓发生严重松动或少量脱落	三级	●	●	●	●
	主梁涡振[c]	10min振动加速度均方根值达到31.5cm/s²、能量比因子大于10	一级	●	●	◐	—
		10min振动加速度均方根值达到50cm/s²、能量比因子大于10	二级	●	●	◐	—
		10min振动加速度均方根值达到80cm/s²、能量比因子大于10	三级	●	●	◐	—

续上表

报警类别	报警内容	报警阈值[a]	报警级别	桥型类别			
				悬索桥	斜拉桥	梁桥	拱桥
监测数据分析结果[d]	钢结构疲劳	疲劳损伤指数达到0.1	一级	●	●	●	●
		出现较多疲劳裂缝，或裂缝长度和宽度较大	二级	●	●	●	●
	塔顶或主缆或主拱偏位	出现永久偏位	三级	●	●	—	●
	主梁下挠	持续下挠	三级	●	●	●	●
	桥梁沉降[e]	墩台均匀总沉降达到$20\sqrt{L}$ mm，或相邻墩台总沉降差值达到$10\sqrt{L}$ mm	三级	—	—	●	—
	索力基准值	与成桥索力相比变化超过10%	二级	●	●	—	●
		与成桥索力相比变化超过15%	三级	●	●	—	●
	剔除环境影响的桥梁主要频率变化	超过3%	二级	●	●	●	●
		超过5%	三级	●	●	●	●

注：●为应报警项；◐针对大跨径钢桥；—为无须报警项

[a]"报警阈值"一列中的"设计值"参考了《公路桥涵设计通用规范》（JTG D60）、《公路钢筋混凝土及预应力混凝土桥涵设计规范》（JTG 3362）、《公路悬索桥设计规范》（JTG/T D65-05）、《公路斜拉桥设计规范》（JTG/T 3365-01）、《公路钢管混凝土拱桥设计规范》（JTG/T D65-06）、《公路桥梁抗风设计规范》（JTG/T 3360-01）的相关规定。锚碇位移限值参考了《公路悬索桥设计规范》（JTG/T D65-05）的相关规定。裂缝限值参考《公路桥涵养护规范》（JTG 5120—2021）、《公路桥梁技术状况评定标准》（JTG/T H21）的相关规定。

[b]构件封闭空间为主梁内，悬索桥主缆、锚室和鞍罩内，斜拉桥索塔和索塔锚固区内，拱桥主拱内封闭空间。

[c]桥梁涡振报警选取主梁竖向加速度均方根值和能量比因子作为报警指标，阈值取值的原则依据已有桥梁发生涡振的加速度均方根值统计规律以及 ISO 2631-1 舒适性标准制定。超限一级、二级和三级阈值分别取为31.5 cm/s²、50 cm/s² 和 80 cm/s² 分别对应 ISO 2631-1 中的"稍有不舒适""比较不舒适"和"不舒适"的下限。

[d]数据分析结果超限报警为非同步报警项。

[e]L为相邻墩台最小跨径，单位为米(m)。

9.3 日常运营监测数据分析

9.3.1 桥梁日常运营监测数据分析应根据监测对象，按照环境、作用、结构响应和结构变化按需分析，每类数据分析应满足本节相关规定。

9.3.2 桥梁日常运营监测数据应进行统计分析，并宜符合下列规定：

1 监测数据统计分析宜包括最大值、最小值、平均值、分位值、均方差、累计值等统计值。

2 监测数据统计分析的时间长度应根据监测变量的采集频率和监测数据变化特征确定,并宜符合下列规定:

1)采集频率大于1Hz的动态监测数据,宜采用10min、日、月、年为统计分析时间段;

2)温湿度、静应变、静位移等静态监测变量,宜采用日、月、年为统计分析时间段;

3)风荷载、车辆荷载、时变索力等动态监测变量,宜根据变化特征确定统计分析时长;

4)基础冲刷、腐蚀等非实时监测变量,宜根据变化特征确定统计分析时长。

3 对于不同技术状况评定等级的桥梁,数据量和数据类型存在差异,可采用不同的统计建模方法。

4 对于不同技术状况评定等级的桥梁,应调整数据分析的重点,三类、四类桥梁宜逐步增加耐久性能和使用性能的数据分析内容。

9.3.3 环境监测数据分析需符合下列规定:

1 温度监测数据分析应包括最高温度、最低温度和温度场。

2 湿度监测数据分析宜包括最大值、平均值、超限持续时间和湿度场等。

3 宜联合统计分析温度和湿度,评估对桥梁结构耐久性影响。

9.3.4 作用监测数据分析应符合下列规定:

1 车辆荷载监测数据分析应符合下列规定:

1)分析内容包括车流量、轴重、车重,标准车当量数的日、月、年最大值及其统计分布,以及超载车数量、车重、轴重和时间;

2)将车辆荷载统计数据转化为疲劳荷载谱,用于桥梁疲劳损伤评估;

3)结合动态称重系统所监测的车重和挠度数据,计算荷载校验系数。

2 风参数监测数据分析宜包括10min平均风速和风向、风攻角、脉动风速及脉动风速谱、湍流强度、阵风因子等,并宜给出风玫瑰图。

3 地震监测数据分析宜包括下列内容:

1)桥岸地表加速度的峰值、持续时间、反应谱;

2)承台顶或桥墩底部加速度的峰值、持续时间、反应谱。

4 结构构件温湿度分析宜包括下列内容:

1)桥面铺装层、主缆等结构构件温度最大值、最小值和最大梯度;

2)锚室、鞍罩等易发生腐蚀部位湿度的最大值和持续时间。

9.3.5 结构响应监测数据分析需符合下列规定:

1 响应监测数据分析应包括桥梁变形、位移、转角、加速度、应变等响应监测数据分析等。

2 位移数据分析应包括平均值和绝对最大值;对于结构静力位移和变形,应进行趋势变化分析。

3 转角数据分析应包括最大值和最小值。

4 索力时程数据分析应包括平均值、最大值、最小值等;应对监测索力与成桥索力、设计容许索力、破断索力以及定期检测索力进行对比分析;宜根据索的应力幅值计算疲劳损伤指数,宜结合腐蚀检测数据进行拉索状态评估;宜利用斜拉桥上下游成对拉索索力相关性,评估拉索状态。

5 锚跨张力数据应分析其最大值、累积变化值、变化趋势。

6 支座反力时程数据分析宜包括平均值、最大值、最小值、变化量等。

7 加速度数据分析应包括绝对最大值、最大均方根值、频谱、大幅度振动的持续时间,宜进行结构振动与风速风向的相关性分析。

8 利用加速度监测数据,按照下列规定进行桥梁模态参数分析:

1)桥梁模态参数应包括结构频率和振型,可包括阻尼比;

2)桥梁模态参数识别应选用成熟可靠的模态识别方法;

3)宜分析桥梁频率和振型识别结果与桥梁温度和风速等环境变量的相关关系;

4)应分析桥梁模态参数随服役时间的变化规律。

9 应变时程数据分析应包括平均值、最大值、最小值、应力幅最大值和循环次数等;并宜采用雨流法和 Miner 准则计算构件疲劳累积损伤指数;疲劳分析宜考虑初始缺陷、初始残余应力以及腐蚀等对疲劳的影响;对于不出现拉应力的结构构件可不进行疲劳分析。

10 可采用机器学习和深度学习等方法深入分析监测数据,提取数据中可以反映桥梁状态的特征变量,用于桥梁状态评估。

9.3.6 结构变化监测数据分析需符合下列规定:

1 结构变化监测数据分析应包括基础冲刷、锚碇位移、裂缝、腐蚀、索力、支座反力、索夹螺栓紧固力、高强螺栓紧固力、索夹滑移等数据分析。应结合检测数据进行综合分析,并宜进行趋势项提取和分离。

2 主缆锚碇位移、拱脚偏位分析,宜包括位移最大值和累积值。

3 桥墩冲刷监测数据分析宜包括冲刷深度最大值及其变化规律,可包括各等级流速和流向统计值、冲刷深度与流速的相关性。

4 裂缝数据分析应包括裂缝长度和宽度的最大值、裂缝数量和位置、裂缝总数量及其变化规律,宜分析裂缝与重车荷载的相关性。

5 腐蚀数据分析宜包括腐蚀程度、腐蚀进程、氯离子浓度及其在构件内的浓度梯度。

6 索夹螺栓紧固力和索夹滑移数据应分析其平均值、最大值、最小值和累积变化值。

9.3.7 监测数据相关性分析需符合下列规定:

1 相关性分析内容宜包括不同类型监测变量相关性分析(主梁位移与风速、主梁挠度与温度、主梁挠度和索力等),以及同类型监测变量相关性分析(拉索索力、截面应变、索塔位移、支座位移等)。

2 监测数据相关性分析宜采用线性相关系数、相关函数、相干函数等指标,也可采用机器学习和深度学习等人工智能方法。

    3　宜根据相关性分析结果,判断桥梁状态是否发生变化。

9.3.8 应对桥梁日常运营状态的监测数据进行定期分析,评估桥梁运行状态,并应形成桥梁日常运营状态监测数据分析报告,宜采用季报、半年报和年报的形式。

条文说明

　　监测数据应定期分析,并按照本册相关要求编写监测数据分析报告,用于桥梁监管养护部门及时了解桥梁运行状况,为桥梁养护决策提供支持。

9.3.9 监测数据分析报告内容需包含下列内容:
　　1　季报的数据分析内容宜包括:监测变量的季度内统计分析及其超越监测系统报警值的数量、比例、位置和时间,监测变量的季度内变化趋势,模态参数分析,相关性分析。
　　2　年报的数据分析内容宜包括:监测变量的年内统计分析及其超越监测系统报警值的数量、比例、位置和时间,监测变量的年内变化趋势,模态参数分析,相关性分析,疲劳分析等。

条文说明

　　监测数据分析报告除了分析超越报警值的传感器数量、比例、位置和时间,还需要利用长时间监测数据分析监测变量的变化趋势,以及监测变量之间的相关关系。同时,将利用监测的振动信息,分析桥梁结构的频率、振型和阻尼比等模态参数。年度分析报告时间跨度更长,可以反映桥梁在一年不同气候条件下的运行状态。由于应变、位移、振动等多种监测变量都与桥梁所处温度、湿度和风速等自然环境因素有关,可以通过对一年内的数据分析上述监测变量随温度的变化趋势,揭示这些监测变量与自然环境因素的相关关系。通过分析一年内结构模态参数的变化,可以反映结构的模态参数与桥梁温度、湿度等环境因素之间的关系。此外,利用长时间的结构应变监测数据,可以采用疲劳损伤指数分析结构构件的累积疲劳损伤。

9.4　突发事件监测数据分析

9.4.1 当大跨径悬索桥、斜拉桥遭受桥面10min平均横桥向风速大于0.8倍(新建和一类、二类桥梁)、0.75倍(三类桥梁)、0.7倍(四类桥梁)桥面设计风速的台风时,应进行桥梁结构静力和动力响应专项分析,分析内容需包括:
　　1　宜计算统计10min时距的平均风速、平均风向角,可计算分析平均风攻角、湍流强度、阵风因子和脉动风功率谱等风参数及其随时间的变化趋势。
　　2　应计算统计10min时主梁振动加速度和位移均方根值、振动频率和振型特征,并可分析与风参数的相关性。
　　3　宜计算分析在强风作用下10min时距的主梁变形、塔顶偏位、主缆偏位、索力等的最大值、最小值、变化幅值及其随时间和风速的变化趋势。

4 当在强风作用下桥梁频率参数发生3%以上或者振型MAC值发生5%以上变化或者主梁应力、主梁水平变形、塔顶偏位、主缆偏位、索力等超过设计值时,应对桥梁进行专项检查。

9.4.2 宜对悬索桥、斜拉桥、钢结构梁桥是否发生涡振进行判断;当发生涡振时且10min加速度均方根值大于31.5cm/s^{2}且振动时间持续30min时,应进行主梁涡振特性专项分析,分析内容宜包括:

1 首先进行涡振判定。宜采用加速度均方根值和振动能量比特征(第1主频与第2主频比值)双参数作为判定涡振的指标。

2 计算分析10min主梁加速度和位移均方根值、振动频率、振型和持时特征;计算分析涡振发生全过程中10min时距平均风速、风向、风攻角;对涡振和风参数进行相关性分析,获得现场桥梁涡振发生的风况条件,进行试点桥梁涡振专项研究。

3 根据主梁振动的10min加速度均方根值、频率、振型和持时评价行车舒适度。

4 当主梁发生10min加速度均方根值大于80cm/s^{2}剧烈振动,分析涡振前后主梁模态参数特征以及连接构件状态特征,若桥梁结构状态发生变化,应对桥梁进行专项检查。

9.4.3 当桥梁拉(吊)索发生加速度均方根值大于300cm/s^{2}的大幅度振动且振动时间持续30min时,应进行拉(吊)索异常振动专项分析,分析内容宜包括:

1 计算分析拉(吊)索异常振动加速度和位移10min时距均方根值、振动频率、振型和持时特征。

2 计算分析拉(吊)索异常振动发生全过程中10min时距平均风速、风偏角、风攻角和降雨量、主梁的振动和模态参数特征。

3 对拉(吊)索异常振动和风雨参数、主梁振动特征进行相关性分析,获得索结构的振动类型。

4 分析拉(吊)索异常振动频率、阻尼和索力变化特征,评估拉(吊)索锚固结构和阻尼器的安全和工作状态。

9.4.4 当自由场水平地震动加速度峰值大于设计E1地震作用(小震)加速度峰值时,应按下列规定进行桥梁震中监测数据分析、震前和震后监测数据对比分析:

1 震中监测数据分析包括:对桥址附近自由场地面加速度的峰值、均方根值、反应谱反应进行分析;对桥墩处加速度的峰值、均方根值、反应谱、频域反应进行分析;对桥梁上部结构的加速度响应、变形和位移响应等整体响应的峰值、均方根值进行分析;对桥梁关键部位的监测应变响应、支座反力、支座位移、索力等局部响应的峰值反应进行分析。

2 震前与震后监测数据对比分析包括:对桥梁震前和震后的频率、振型和阻尼比进行对比分析;对桥梁上部结构、下部结构、支座位移等的震前和震后的静态位移和倾角响应进行分析,计算桥梁整体响应的残余变形;对桥梁主要构件震前和震后的应变平均响应值进行分析,确定构件的残余应变;对桥梁缆索构件震前和震后的索力值进行分析。

3 应根据桥梁震前、震中和震后监测数据的分析结果发现桥梁状态发生变化,对桥梁进行专项检查。

9.4.5 车辆超载分析应符合下列规定:

1 当车辆荷载超过设计值时,应对监测数据进行直接分析并与设计值对比;宜利用修正的结构模型,进行桥梁在超载车荷载作用下的主梁挠度、支座反力、构件内力/应力等验算。

2 当超载车辆过桥时,宜将监测的桥梁变形、支座反力、构件内力等响应与本条第一款中计算数值进行比较;当监测数值与计算数值存在较大差异时,宜对桥梁进行进一步检测。

条文说明

依据现行《公路桥涵养护规范》(JTG 5120)和《城市桥梁养护技术标准》(CJJ 99)的相关规定,超重车辆通过桥梁时应监测桥梁的位移、变形和裂缝扩张等,并及时反馈悬索桥管养单位。超重车过桥时,应对桥梁挠度、关键构件内力、关键部位应变监测数据进行分析,并与理论计算值进行比较。当监测值明显大于理论计算值时,预示桥梁可能发生了损伤,提醒桥梁养护部门进行检查。

9.4.6 当桥梁遭受漂浮物或船舶撞击后,需按下列规定进行监测数据分析:

1 应对视频数据进行分析,确定桥梁被漂浮物或船舶撞击的时间和位置。

2 应分析靠近漂浮物或船舶处桥墩底部、主梁、索塔顶部船舶撞击后 20s 内的加速度响应绝对最大值、均方根值和频谱及加速度响应衰减规律。

3 应分析漂浮物或船舶撞击后 20s 内结构变形和位移等整体响应监测数据的绝对最大值、均方根值和频谱,宜分析支座反力、支座位移、应变和索力等结构局部响应监测数据的绝对最大值和均方根值。

4 宜选择漂浮物或船舶撞击前后加速度监测数据进行模态分析。

5 当桥梁模态参数在船撞前后发生明显变化,或者船撞后桥梁结构关键构件/部位的位移和应变响应出现明显残余量时,应通知桥梁养管单位进行检查。

9.4.7 当桥梁遭遇洪水时和洪水后,宜分析洪水期间桥墩冲刷深度变化量及变化速率;当桥梁冲刷深度达到 0.7 倍设计值且变化速率较快时,宜建议及时采取桥梁封闭或限行措施。

9.4.8 当桥梁遭遇滑坡、泥石流、海啸、火灾、山洪等突发事件,宜根据具体情况分专业分项目进行专项评估。

9.5 结构健康评估

9.5.1 桥梁结构健康度应包括结构整体健康度和结构构件健康度,等级宜划分为Ⅰ基本完好、Ⅱ轻微异常、Ⅲ中等异常、Ⅳ严重异常四级,评定依据见表9-2。

表 9-2 桥梁结构健康度等级评定依据

健康度等级	结构构件	结构整体
Ⅰ 基本完好	9.5.2 1)中所列监测数据无超限	9.5.2 2)中所列监测数据超限等级全部为一级或无超限
Ⅱ 轻微异常	9.5.2 1)中所列监测数据超限等级一级	除塔顶偏位、锚碇位移、拱脚位移之外,9.5.2 2)中所列其他监测数据与分析结果超限等级仅有 1 项为二级、无三级
Ⅲ 中等异常	9.5.2 1)中所列监测数据超限等级二级	9.5.2 2)中所列监测数据与分析结果超限等级出现多项(2 项及以上)二级或 1 项三级;或当塔顶偏位、锚碇位移、拱脚位移出现 1 项或以上二级;或多项构件健康度中等异常
Ⅳ 严重异常	9.5.2 1)中所列监测数据超限等级三级	9.5.2 2)中所列监测数据与分析结果超限等级出现多项三级;或多项构件健康度严重异常

9.5.2 宜通过监测数据分析、并与超限阈值比较,进行桥梁结构健康度评估,评估参数包括:

1 构件健康度表征评估参数:采用梁端纵向位移、关键截面应变、索力、支座反力、索振动、裂缝、断丝、螺栓状态、索夹滑移、疲劳等监测数据。

2 结构整体健康度表征评估参数:采用主梁竖向和横向位移、塔顶偏位、主缆偏位、支座位移、高墩墩顶位移、锚淀位移、拱脚位移、基础冲刷深度、锚跨索股力、预应力、主梁振动等监测数据,以及塔顶或主缆或主拱永久偏位、主梁持续下挠、桥墩沉降、索力基准值变化、剔除环境影响的桥梁主要频率变化等分析结果。

9.5.3 可通过损伤识别和模型修正建立可靠的有限元模型,将计算的结构响应和结构变化结果与表 9-1 中超限阈值进行对比,参考表 9-1 进行桥梁结构健康度评估。

9.5.4 当构件健康度或结构整体健康度为Ⅲ级中等异常或Ⅳ级严重异常时,应进行专家研判。

9.6 对策措施

9.6.1 检查指引

监测数据和分析结果超限出现表 9-1 中所列情况时,宜提醒进行桥梁检查,检查建议见表 9-3,并应结合现行《公路桥涵养护规范》(JTG 5120)和《公路缆索结构体系桥梁养护技术规范》(JTG/T 5122)相关规定制定检查和养护措施。

表 9-3 监测数据超限检查建议

检测类别	检测内容	超限级别	检查建议
环境	构件封闭空间内相对湿度	一级	提示检查除湿设施是否运转正常
作用	车辆总重或轴重	二级	提示检查桥梁主要受力构件的技术状况
	混凝土、钢结构构件温度	一级	提示进行构件使用性检查
	铺装层温度	一级	提示洒水降温
结构响应	主梁竖向位移	二级	提示全桥检查
	主梁横向位移支座位移	二级	提示全桥检查
	支座反力	二级	提示检查支座
	梁端纵向位移	二级	提示检查伸缩缝
	塔顶偏位	二级	提示全桥检查
	主缆偏位	二级	提示全桥检查
	梁桥高墩墩顶位移	二级	提示全桥检查
	拱桥主拱拱顶位移	二级	提示全桥检查
	主梁、索塔、主拱关键截面静应变	一级	提示检查传感器附近构件裂缝
		二级	提示对传感器所在构件进行特殊检查
	悬索桥吊索、锚跨索股力,斜拉桥斜拉索、拱桥吊杆(索)、系杆等索力	二级	提示检查索构件
	主梁振动加速度	二级	提示应对连接构件进行检查
	悬索桥吊索、斜拉桥斜拉索、拱桥吊杆(索)振动加速度	一级	提示管理部门注意
		二级	提示分析原因并检查减振设施有效性
结构变化	基础冲刷	二级	提示全桥检查
	锚碇位移	二级	提示全桥检查
	桥墩沉降	三级	提示全桥检查
	拱脚位移	二级	提示全桥检查
	裂缝	一级	提示管理部门注意
		二级	提示对构件进行特殊检查
	腐蚀	二级	提示对腐蚀区进行特殊检查
	体外预应力	二级	提示全桥检查
	断丝	二级	提示进行特殊检查
	螺栓状态	一级	提示管理部门注意
		二级	提示检查螺栓
	索夹滑移	二级	提示检查索夹
监测数据分析结果	钢结构疲劳	一级	提示管理部门注意
		二级	提示检查疲劳裂纹发展情况

9.6.2 特殊事件应急管理

1 桥梁在遭受涡振强(台)风,悬索桥吊索、斜拉桥斜拉索拱桥吊杆(索)等异常振动,地震、车辆超载、船撞等特殊事件时,应进行特殊事件数据分析辅助应急管理措施决策,并评估结构健康度,必要时组织专家研判。

2 涡振应急管理符合下列规定:

1)宜采用10min加速度均方根值S_a和振动能量比因子R作为涡振判定指标,也可补充其他参数。S_a和R按式(9-1)和式(9-2)计算:

$$S_a = \sqrt{\frac{1}{N}\sum_{i=1}^{N} a_i^2} \tag{9-1}$$

式中:S_a——加速度均方根值(m/s²);

a_i——主梁振动加速度(m/s²);

N——10min加速度采样点数。

$$R = \frac{A_1}{A_2} \tag{9-2}$$

式中:A_1——结构振动响应功率谱密度中最大幅值(m²/s³);

A_2——结构振动响应功率谱密度中次最大幅值(m²/s³)。

2)可采用机器学习算法自动判断涡振,也可采用其他可靠方法。

3)涡振超限阈值宜按表9-1规定选取,检查建议宜符合下列规定:

(1)超限一级,提醒持续关注。

(2)超限二级,提醒采取车辆限速等管理措施。

(3)超限三级,提醒封闭桥梁,按表9-2和表9-3的规定进行桥梁结构健康度评估。

4)应提供桥梁涡振事件分析报告,报告内容宜包括涡振前、涡振事件全过程、涡振后数据分析结果。数据分析宜符合下列规定:

(1)分析桥面10min平均风速、平均风向、风攻角、湍流度。

(2)分析主梁10min加速度均方根值、模态参数变化。

(3)分析涡振全过程持续时间、风况条件、加速度和位移均方根值、振动频率。

3 强(台)风应急管理符合下列规定:

1)强(台)风风速超限阈值宜按表9-1规定选取,检查建议符合下列规定:

(1)超限一级,提醒封闭桥梁。

(2)超限二级,提醒检查桥梁构件状态。

(3)超限三级,提醒检查桥梁构件状态,并按表9-2和表9-3的规定进行桥梁结构健康度评估。

2)应提供桥梁强(台)风分析报告,报告内容宜包括强(台)风前、强(台)风全过程、强(台)风后数据分析结果。数据分析宜符合下列规定:

(1)分析桥面10min平均风速、平均风向、风攻角、湍流度、阵风因子。

(2)分析主梁、悬索桥吊索、斜拉桥斜拉索、拱桥吊杆(索)等振动加速度均方根值、模态参数变化。

(3)分析主梁竖向和横向位移、塔顶偏位、主缆偏位、主拱拱顶位移索力、基准值变化等最大值。

4　悬索桥吊索、斜拉桥斜拉索、拱桥吊杆(索)等索构件振动加速度超限二级,应提醒检查减振设施有效性并进行数据分析,数据分析内容宜包括索构件异常振动前、异常振动全过程、异常振动后数据分析结果。数据分析宜符合下列规定:

1)分析桥面10min平均风速、平均风向、风偏角、风攻角、降雨量。

2)分析索构件10min加速度均方根值、模态参数变化。

3)分析索构件异常振动全过程持续时间、风况条件、加速度和位移均方根值、振动频率。

4)分析索构件索力基准值变化。

5)分析索构件异常振动的类型。

5　地震应急管理符合下列规定:

1)地震动加速度超限二级时,宜提醒对桥梁进行全面检查。

2)地震动加速度超限三级时,宜提醒封闭桥梁,对桥梁进行全面检查,并满足下列规定:

(1)按表9-1和表9-2的规定,利用监测数据进行桥梁结构健康度评估。

(2)也可采用可靠的考虑土结相互作用的非线性结构有限元模型,通过计算分析在地震动作用下桥梁加速度、位移、支座反力、构件内力和应力等结构响应的最大值和残余量,进行桥梁结构健康度评估。

3)提供地震事件分析报告,报告内容宜包括:震前、地震过程中和震后数据分析结果。数据分析宜符合下列规定:

(1)分析地震过程中桥址地表场地和桥梁墩底(承台)加速度峰值、均方根值、反应谱。

(2)分析主梁竖向和横向位移、支座位移、梁端纵向位移、塔顶偏位、主缆偏位,梁桥高墩墩顶位移,拱桥主拱拱顶位移的最大值和残余位移;分析主梁索塔、主拱关键截面应变最大值和残余应变;分析悬索桥吊索锚跨索股力,斜拉桥斜拉索、拱桥吊杆(索)、系杆等索力基准值变化;分析支座反力的最大值和残余力。

(3)分析主梁塔顶、主拱、索构件等振动加速度的峰值和均方根值。

(4)分析震前和震后桥梁模态参数变化。

6　车辆超载应急管理符合下列规定:

1)监测车辆荷载超限二级时,应提醒进行桥梁结构检查。

2)可根据表9-1和表9-2的规定,利用监测数据进行桥梁结构健康度评估。

3)也可采用可靠的修正有限元模型,验算超载车辆荷载作用下的主梁竖向位移、支座反力、构件内力和应力,并通过与实测监测数据对比,进行桥梁结构健康度评估。

4)车辆超载特殊事件专项报告内容宜包括超载车辆荷载、发生时间,主梁竖向位移、支座位移、主梁关键截面静应变,悬索桥吊索、斜拉桥斜拉索、拱桥吊杆(索)、系杆等索力,支座反力等最大值。

7 船舶撞击应急管理符合下列规定：

1）发生船舶撞击后，应提醒进行桥梁结构检查。

2）可按表9-1的规定进行桥梁结构健康度评估，提供分析报告，报告内容宜包括船舶撞击前、撞击全过程、撞击后数据分析结果。数据分析宜符合下列规定：

（1）对船舶撞击全过程视频监测数据进行分析。

（2）分析主梁、塔顶、桥墩墩顶振动加速度，主梁横向位移、梁桥高墩墩顶位移、支座位移，主梁关键截面静应变，悬索桥吊索、斜拉桥斜拉索、拱桥吊杆（索）、系杆等索力，支座反力、拱脚位移等监测数据的绝对最大值与残余值、模态参数等。

附录 A 监测内容对应监测目的、目标、测点布设及监测方法

高速公路重点桥梁各监测内容对应的监测目的、目标、测点布设及监测方法见表 A-1。

表 A-1 高速公路长大桥梁各监测内容对应的监测目的、目标、测点布设及监测方法

监测类别	监测内容	监测目的、目标	测 点 布 设	监 测 方 法
环境	桥址区环境温度、湿度	获取桥址区基础环境参数	宜布设在桥梁跨中位置，可根据桥梁跨径、长度增设测点	宜选用电阻温度计、数字温度计和光纤温度计、工业级湿度传感器
	构件封闭空间内部温度、湿度	掌握桥梁内部空间温度，用于各类温度相关性分析；掌握桥梁内部空间湿度分布，辅助指导进行针对性的除湿等养护维修工作	闭口截面箱梁内部、索塔内部、索鞍内部、拱肋内部等封闭空间，应布设环境温度和湿度测点	宜选用电阻温度计、数字温度计和光纤温度计、工业级湿度传感器
	雨量	掌握桥址区降雨情况，用于斜拉桥拉索风雨激振的分析	布设于斜拉桥主跨跨中	宜选用翻斗式雨量计
	桥面结冰	掌握桥面结冰状况，获取桥面冰层厚度等参数	布设于桥梁背阴面，宜与车辆车载视频监测点同位置	超声波测试法，视频监测法

附录A 监测内容对应监测目的、目标，测点布设及监测方法

续上表

监测类别	监测内容	监测目的、目标	测 点 布 设	监 测 方 法
作用	车辆荷载	车辆荷载为桥梁运营期承担的主要活荷载，且超载车辆是造成桥梁主要构件及附属设施破坏、影响构件寿命的主要因素。通过对各车道车流量、车重、轴重、车速等参数的监测，实现对超载车辆的在线报警；为桥梁校验系数分析及钢结构疲劳分析提供输入数据	测点应覆盖所有行车道，且宜选择在路基或有稳定支撑的结构铺装层内	宜选用动态称重系统
	风荷载	风荷载是大跨径桥梁的主要荷载之一。通过对风速风向等风参数的监测，为各类构件（主梁、拉索、吊索等）的风致振动评估提供数据，各类风场参数同时也是识别涡振等风致振动的关键参数	应选择在桥面上、下游两侧，塔顶、拱顶位置，安装位置应能监测自由风场风速和风向	宜选用超声风速仪或机械式风速仪
	结构温度	结构温度本身是一种重要的可变作用，结构温度的实测数据是结构分析的重要输入参数。结构温度还可用于主梁纵向位移、主梁挠度相关性分析。通过温度监测数据，可用于温度梯度的获取。桥面铺装层温度数据可用于指导铺装层的日常养护	应在关键混凝土或钢结构构件上布设温度测点；宜在主梁铺装层布设温度监测点；结构温度测点布置宜与应变监测点的温度补偿测点统一设计	宜选用电阻温度计、数字温度计和光纤温度计
	船舶撞击	通航桥梁存在船撞风险，通过加速度监测和视频监控，可以记录船撞发生时的结构响应，为应急事件应急管理、结构灾后评估提供依据	船舶撞击测点宜布设在船撞危险区的主梁、桥墩底部或者承台顶部	可选用力平衡式三向加速度传感器，视频监控

| 59

续上表

监测类别	监测内容	监测目的、目标	测 点 布 设	监 测 方 法
作用	地震	通过监测地震事件,记录时程全过程数据,为报警、结构整体和局部的计算分析及灾后评估提供输入计算依据;为地震事件应急管理、结构灾后评估提供依据	地震动测点应布设于索塔桥墩底部或承台顶部,可布设于桥梁两岸的自由场地	可选用力平衡式三向加速度传感器
结构响应	位移	大桥的空间几何变形,包括主梁下挠、主梁横向位移、梁端纵向位移、索塔偏位等是评判结构安全、整体稳定性、反映结构刚度的重要参数,其中部分参数也是反映行车舒适性和进行桥梁适用性评价的直接指标	结构整体位移测点布设,应选择变形、位移极值点位置。主梁挠度测点布设,根据跨径布置,应不少于主跨四等分点处,中央索面或其他具有担转监测需求的主梁,应在同一断面左右幅外侧或中心位置布设测点。支座位移、主梁梁端纵向位移测点宜布设在梁端支座处。高墩桥梁或纵坡较大的桥梁桥墩纵桥向和横桥向偏位测点宜设置在桥墩顶部	可选用位移传感器、连通管系统、全球导航卫星系统和倾角传感器等
	转角	通过转角监测数据,可以评估桥梁整体变形特性和伸缩缝支座性能	倾角测点布设,应选择倾角极值点位置	宜选用倾角传感器

附录A 监测内容对应监测目的、目标，测点布设及监测方法

续上表

监测类别	监测内容	监测目的、目标	测点布设	监测方法
结构响应	应变	通过应变监测数据可以判断测试位置的应力状态，可用于判断关键截面的应力水平，也是评价钢结构疲劳的关键指标	关键构件截面应变测点位置和数量应根据结构整体安全分析计算的关键截面和部位；主梁顶板应变监测点，应布设在重车道或行车道车轮轮迹线对应位置；正交异性钢桥面板应变监测点宜布设在顶板、U形肋和横隔板等局部应变较大处；受力复杂的截面和部位，宜布设三向应变测点。混合梁的钢混接合面处应布设应变测点，应布设在变形较大和应力集中处	可选用电阻应变传感器、振弦式应变传感器和光纤光栅应变传感器
	索力	拉索/吊索是缆索体系桥梁的核心受力构件，拉索/吊索索力以及振动幅值的变化直接反映桥梁结构受力状态的变化，关系拉索/吊索的使用寿命及整体桥梁大桥安全	应根据吊索/拉索的布置形式、规格型号、索力、应力幅值等因素，确定索力及振动监测的吊索/拉索，宜对上、下游对称布置的吊索/拉索成对布设测点；索/拉索架成对应锚跨张力监测的索股，基准索股布置形式，确定锚跨张力监测的索股，基准索股布设测点；应对系杆拱桥的系杆索力进行监测	可选用加速度传感器（频率法）、力传感器、光纤光栅智能索力传感器等
	支座反力	支座反力可以反映上部结构在荷载作用下的整体稳定性，也可反应支座脱空、变形等局部病害	宜根据支座类型、构造、安装方式确定布设位置	宜选用测力支座

续上表

监测类别	监测内容	监测目的、目标	测点布设	监测方法
结构响应	振动	振动监测可以计算出桥梁动力特性。桥梁动力特性(频率、振型、阻尼)是反映桥梁整体性能退化的关键参数。桥梁自振频率的降低、振型的改变可反映桥梁结构的刚度降低和局部破坏,或约束条件的改变。桥梁的振动水平反映桥梁的安全运营状态和行车舒适度。振动监测还可用于主梁涡振、拉索/吊索涡振、反映雨激振等异常振动的识别	主梁横桥向和竖向振型测点应根据主梁振动振型确定,宜布设在主跨中和四分点处。索塔位置应至少包括主塔水平双向的振动测点,斜拉索塔振动测点应根据成桥状态索塔振动的振型确定	可选用三向、双向和单向加速度传感器
	基础冲刷	冲刷使得桥梁基础埋深减小,以致桩基承载能力显著下降,严重影响桥梁安全。对基础冲刷的监测可以及时了解冲刷深度,用于评估桥梁整体安全状态	宜根据基础冲刷风险分析和专项评估确定桥墩测点位置	可选用声呐传感器
结构变化	变形	变形包括锚碇位移和拱脚偏位,其变形有严格限制,反映悬索桥和拱桥整体稳定性	锚碇位移测点应利用沉降变形观测点,宜选择布设于锚体和前支墩角点;拱脚位移测点应布设于拱的端部	可选用位移计、连通管系统、全球导航卫星系统等
	裂缝	通过跟踪监测裂缝长度、宽度和扩展速度,可以为桥梁评级提供依据,同时反映桥梁局部刚度退化情况	技术状况为一类和二类的桥梁,宜选择代表性混凝土结构裂缝、钢结构裂缝进行监测;技术状况为三类和四类的桥梁,应选择代表性混凝土结构裂缝、钢结构裂缝进行监测	可选用电阻应变传感器、振弦式应变传感器和光纤光栅应变传感器

续上表

监测类别	监测内容	监测目的、目标	测点布设	监测方法
	腐蚀	混凝土腐蚀影响结构耐久性。通过腐蚀监测可以得到监测部位的混凝土氯离子浓度、侵蚀深度，用于评价结构耐久性	混凝土腐蚀监测位置宜布设在墩台水位变动、浪溅区，大气区和钢筋混凝土梁受拉区的保护层内，测点位置、数量根据氯离子浓度梯度测试要求确定	可选用沿混凝土保护层深度安装多电极电化学传感器
	体外预应力	预应力损失是大跨径梁桥长期下挠、整体性能退化的重要原因，通过桥梁体外预应力的损失情况监测数据可以反映桥梁受力情况，可以为评估桥梁的整体受力状态提供依据	测点位置和监测数量宜依据结构受力特点和预应力布设形式确定	可选用加速度传感器（频率法）、力传感器、光纤光栅智能索力传感器等
结构变化	断丝	主缆、拉索、吊索发生断丝，是直接的结构损伤，断丝监测用于结构安全评估	构件技术状况评定为三类或四类的悬索桥宜布设断丝测点，索体断丝测点宜布设在索体锚头端部位置	可选用声发射传感器
	螺栓紧固力、索夹滑移	索夹发生滑移会改变吊索状态，导致内力状态变化，也会损坏主缆防护层从而导致主缆损伤，严重影响结构安全，索夹滑移及主要监测索夹螺移量大小。索夹螺栓松动是造成索夹抗滑力不足、产生滑移的一个原因，通过监测螺栓是否处于正常均匀受力状态，有无发生松动、是否需要补足螺栓紧固力	技术状况评定为三类和四类的悬索桥宜布设索夹滑移和索夹螺栓紧固力测点，索夹滑移及索夹螺栓紧固力监测应根据索夹类型、索夹倾角以及螺栓布置形式确定监测的索夹和螺栓。高强螺栓紧固力测点位置和数据宜根据实际检测结果和病害情况确定	可选用位移传感器、力传感器等

附录 B 监测设备的技术要求

监测设备选型可根据实际情况按表 B-1～表 B-21 的要求执行。

表 B-1 温湿度传感器的技术要求

传感器类型	量　程	分　辨　力	最大允许误差
热电阻温度计	-40～+70℃	≤0.1℃	±0.5℃
路面温度传感器	-50～+80℃	0.1℃	±0.5℃
电阻电容湿度计	0%～100% RH	1% RH	±2% RH

表 B-2 能见度传感器的技术要求

传感器类型	测量范围	分　辨　力	准　确　度
能见度传感器	≤1500m	1m	±10%
	>1500m	1m	±20%

表 B-3 动态称重系统的技术要求

传感器类型	单轴荷载	称重精度	速度范围	速度精度	流量精度	轴距精度	工作温度	数据存储	
压电薄膜称重传感器	≥限载车辆轴重200%	≥90%	20～180km/h	≤±1.5%	≥95%	±2.0%	-40～65℃	荷载≥90d	视频≥30d

表 B-4 超声风速仪的技术要求

传感器类型	风速量程	风速分辨力	风速最大允许误差	风向量程	风向分辨力	风向最大允许误差
超声风速仪	0～60.0m/s	0.1m/s	0.3m/s	0°～360°	≤0.1°	±3°

表 B-5 机械式风速仪的技术要求

项　目	技　术　要　求
测量参数	水平风速、风向
风速	测量范围:0～60m/s;误差≤±0.3m/s
风向	测量范围:0°～360°;误差≤±3°
采样频率	≥1Hz

表B-6 雨量计的技术要求

项目	技术要求
分辨力	≤0.1mm
误差	≤2%（降雨强度≤25mm/h）
	≤3%（25mm/h＜降雨强度≤50mm/h）

表B-7 位移传感器的技术要求

传感器类型	最大允许误差	线性度	回程误差	重复性
拉线式位移传感器	≤±0.5%	≤±0.5%	≤0.10%	≤0.10%

表B-8 倾角传感器的技术要求

传感器类型	角度量程	角度误差
倾角传感器	-5°~+5°	≤0.02°

表B-9 应变传感器的技术要求

传感器类型	标距	量程	分辨力	非线性度	绝缘电阻	温度补偿	温度测量范围	温度测量误差
振弦式应变传感器	100mm	≥1000με	≤1με	≤2.0%F·S	≥50MΩ	具有温度补偿功能	-20~60℃	±0.5℃

表B-10 裂缝传感器的技术要求

传感器类型	量程	分辨力	最大允许误差
裂缝传感器	大于裂缝宽度的5倍	≤0.01mm	≤0.02mm

表B-11 加速度传感器的技术要求

传感器类型	量程	分辨力	灵敏度	横向灵敏度	动态范围	频率响应
力平衡式加速度传感器（地震动监测）	＞±2.0g	≤1×10⁻⁵g	≥2.5V/g	≤5%	≥120dB	0~100Hz
力平衡式加速度传感器（主梁、塔振动监测）	≥±1g	≤1×10⁻⁵g	≥2.5V/g	≤5%	≥120dB	0~100Hz
电容式加速度传感器（吊索、斜拉索振动监测）	≥±5g	—	—	≤5%	—	0.1~100Hz
索力加速度传感器	±2g	—	≥1V/g	—	—	0.1~80Hz

表 B-12　三向加速度传感器的技术要求

项　目	技　术　要　求
测量范围	$-2 \sim +2g$（X、Y、Z 三个方向，可定制）
误差	$\leq 1\%$
灵敏度	$\geq 2.5V/g$（可定制）
横向灵敏度比	$\leq 1\%$
频率响应	$0 \sim 80Hz$
动态范围	$\geq 120dB$

表 B-13　加速度传感器(频率法)的技术要求

项　目	技　术　要　求
测量范围	$-2 \sim +2g$（可定制）
误差	$\leq 1\%$
灵敏度	$\geq 2.5V/g$（可定制）
频响范围	$0 \sim 100Hz$
动态范围	$\geq 70dB$

表 B-14　GNSS 接收机的技术要求

项　目	技　术　要　求
动态测量误差	水平方向：$\leq 10mm + 1 \times 10^{-6}$
	垂直方向：$\leq 20mm + 1 \times 10^{-6}$
静态测量误差	水平方向：$\leq 3mm + 0.5 \times 10^{-6}$
	垂直方向：$\leq 5mm + 0.5 \times 10^{-6}$
采样频率	$\geq 10Hz$

表 B-15　压力变送器的技术要求

项　目	技　术　要　求
测量范围	$0 \sim 6m$ 水柱（可定制）
误差	$\leq 0.1\%$
过压影响	$\leq 0.025\%$ FSR/16MPa
稳定性	$\leq 0.1\%$ FSR/60 个月

表 B-16　静力水准仪的技术要求

项　目	技　术　要　求
测量范围	$100 \sim 10000mm$（可定制）
分辨力	$\leq 0.025\%$
误差	$\leq 2mm$ 且 $\leq \pm 0.1\%$

附录B 监测设备的技术要求

表 B-17 应变计的技术要求

项 目	技 术 要 求
测量范围	-1500 ~ +1500με
分辨力	≤0.5με
误差	≤+2με

表 B-18 车牌抓拍系统的技术要求

摄像机	像素		捕获率		牌照识别准确率	支持识别类型	断网续传	信息叠加	前端录像存储
视频检测、抓拍、识别一体化	两车道 300万	三车道 700万	≥99%（线圈触发）	≥95%（视频触发）	≥90%（全天平均识别率）	车牌、车型、车身颜色、车标、无牌车	支持	支持时间、车牌、地点、颜色等信息叠加	支持接入终端服务器

表 B-19 高清摄像机的技术要求

摄像机	像素	帧率	动态范围	水平转动角度	垂直转动角度	自动光圈调节	调焦功能	昼夜转换	防护罩
IP网络摄像机	≥200万	≥25帧/s	≥55dB	0°~350°	15°~-90°	自动调节	快速自动对焦	自动转换	有防护罩

表 B-20 数据采集设备的技术要求

项 目	技 术 要 求
测量范围	-10 ~ +10V（可定制）
分辨力	24位AD
误差	≤0.01%
采样频率	≥50Hz（可定制）
时间同步	IEEE1588、卫星授时系统等
共模干扰	120dB

表 B-21 光纤光栅解调仪的技术要求

项 目	技 术 要 求
测量范围（波长）	1525 ~ 1565nm（可定制）
分辨力	≤0.1pm
误差	≤1pm
动态范围	≥50dB
采样频率	≥100Hz（可定制）

附录 C 桥梁监测系统数据字典定义

公路桥梁结构健康监测系统在设计时对于桥梁基本信息、监测项监测点属性信息、实时监测数据等重要数据进行必要的数据字典规范定义,具体定义见表 C-1~表 C-14,各建设单位可参照执行。

表 C-1 数 据 字 典 表

字 段 名 称	数 据 类 型	字 段 含 义
ID	长整型	字典唯一标识(ID)
字典类别	字符型	类别编码
字典项	字符型	字典项的键名(Key)
字典值	字符型	字典项的键值(Value)
是否有效	布尔型	该字典项是否有效
备注	字符型	备注或说明

表 C-2 桥梁基本信息表

字 段 名 称	数 据 类 型	字 段 含 义
ID	长整型	桥梁 ID
桥梁编码	字符型	公路桥梁唯一编码
桥梁名称	字符型	—
桥梁简称	字符型	桥梁名称大写首字母大写组合,如杭州湾大桥表示为:HZWDQ
桥梁中心桩号	字符型	—
所在路线名称	字符型	桥梁所在国省道路线名称,如 G2-京沪高速公路
桥梁全长	字符型	—
跨径总长	字符型	—
单孔最大跨径	字符型	—
桥梁全宽	字符型	—
桥面净宽	字符型	—
按跨径分类类型	字符型	特大桥、大桥、中桥、小桥
主桥上部结构类型	字符型	桥型:斜拉桥、悬索桥、梁桥、拱桥等
主桥上部结构材料	字符型	钢、钢混组合、钢管混凝土、钢筋混凝土等
桥墩类型	字符型	桁架墩、混合墩、薄壁墩、单柱墩、多柱墩等
设计荷载	字符型	公路-I 级、汽车-20 级等

续上表

字段名称	数据类型	字段含义
抗震等级	字符型	—
建设单位	字符型	—
设计单位	字符型	—
施工单位	字符型	—
监理单位	字符型	—
修建年度	字符型	—
通车日期	字符型	—
管养单位	字符型	—
监管部门	字符型	—
技术状况等级	字符型	一~五类
最新评定日期	日期时间型	最近一次技术状况评定日期
监测系统建成时间	字符型	系统投入运行时间
监测项数	整型	监测系统总监测项数量
测点数量	整型	监测系统总测点数量
备注	字符型	—

表 C-3 桥梁文件信息表

字段名称	数据类型	字段含义
ID	长整型	文件 ID
模块类型	字符型	资料所属模块,如报告资料
文件类别	字符型	资料文件类别,如报告中的月报或年报
文件类型	字符型	文件类型,如 word、pdf、png
业务 ID	长整型	业务 ID,具体挂接业务信息,可为桥梁 ID,-1 表示无业务信息
文件名	字符型	—
文件大小	整型	单位字节数
文件存储路径	字符型	—
文件缩略图	字符型	—
文件创建时间	日期时间型	—
创建人	字符型	创建人 ID
是否有效	布尔型	该账号在该组织下是否有
备注	字符型	备注或说明

表 C-4　监测内容基本信息表

字 段 名 称	数 据 类 型	字 段 含 义
ID	整型	监测项 ID
检测内容编码	字符型	系统检测类型唯一标识定义
监测内容名称	字符型	本文件中规定的监测类型全称
监测内容简称	字符型	3 位大写字母
所属监测类别	字符型	枚举类别:环境、作用、结构响应、结构变化
监测目的	字符型	描述该监测项主要监测部位和目的
传感器类型	字符型	使用的传感器类型
备注	字符型	—

表 C-5　监测测点基本信息表

字 段 名 称	数 据 类 型	字 段 含 义
ID	长整型	监测点唯一标识
监测内容 ID	整型	—
传感器 ID	长整型	—
传感器位置	字符型	传感器安装位置描述
通道编码	整型	该监测点通道编码,为整型数字,用于实时监测数据传输报文
数据单位	字符型	输出数据单位
数据精度	浮点型	数据保留小数点精度
超限三级阈值上限	浮点型	超限三级阈值上限
超限三级阈值下限	浮点型	超限三级阈值下限
超限二级阈值上限	浮点型	超限二级阈值上限
超限二级阈值下限	浮点型	超限二级阈值下限
超限一级阈值下限	浮点型	超限一级阈值下限
超限一级阈值下限	浮点型	超限一级阈值下限
是否启动报警	布尔型	是否启动超限报警功能
备注	字符型	—

表 C-6　传感器基本信息表

字 段 名 称	数 据 类 型	字 段 含 义
ID	长整型	传感器唯一标识
传感器编码	字符型	传感器在桥上安装的唯一编码
传感器类型	字符型	传感器类型
传感器型号	字符型	传感器型号
生产厂家	字符型	传感器生产厂家

续上表

字 段 名 称	数 据 类 型	字 段 含 义
信号类型	字符型	电流、电压、电阻、光纤等
信号范围	字符型	信号输出范围,如:4~20mA
分辨力	双精度浮点型	传感器采集数据分辨力
K 值	双精度浮点型	转换参数 K 值
B 值	双精度浮点型	转换参数 B 值
采样频率	浮点型	数据采样频率,单位为赫兹(Hz)
安装时间	日期时间型	设备安装或更换时间
安装位置	字符型	设备在桥梁安装位置
当前状态	整型	0:正常;1:故障;2:损坏;3:维修;4:更换

表 C-7 实时监测数据表(RealTimeMonitorData)

字 段 名 称	数 据 类 型	字 段 含 义
ID	长整型	—
传感器 ID	长整型	该条监测数据所属传感器
数据采集时间	日期时间型	—
当前值	双精度浮点型	按实际精度要求保留小数点
报警状态	整型	0:正常;1:超限一级报警;2:超限二级;3:超限三级
数据状态	整型	0:正常;1:异常
备注	字符型	—

表 C-8 特征值统计数据表

字 段 名 称	数 据 类 型	字 段 含 义
ID	字符型	—
传感器 ID	字符型	该条监测数据所属传感器
数据采集时间	日期时间型	—
采样间隔	整型	特征值统计间隔时间,单位为秒(s)
最大值	双精度浮点型	统计时间范围内的最大值
最小值	双精度浮点型	统计时间范围内的最小值
平均值	双精度浮点型	统计时间范围内的平均值
RMS 均方根	双精度浮点型	统计时间范围内的均方根值
方差	双精度浮点型	统计时间范围内的方差值
数据状态	整型	0:正常;1:异常
备注	字符型	—

表 C-9　车辆荷载监测数据表

字 段 名 称	数 据 类 型	字 段 含 义
ID	长整型	数据 ID
监测点 ID	长整型	该条监测数据所属测点 ID
车道号	整型	车辆所在的车道号
车辆经过时间	日期时间型	车辆经过,设备采集到的时间
上下行	整型	当前车辆行驶方向
车辆类型 ID	字符型	根据类型 ID 与车辆类型表关联
车速	双精度浮点型	车辆在行进中,设备采集到的车速
车轴数量	整型	车辆对应的轴数
总负荷	双精度浮点型	车辆总重
左轴 1 重; 左轴 2 重…	双精度浮点型	左轴重量(根据轴数多少来增删)
右轴 1 重; 右轴 2 重…	双精度浮点型	右轴重量(根据轴数多少来增删)
车牌对应的 ID	字符型	通过外键与车牌信息表关联
备注	字符型	—

表 C-10　视频监控属性信息表

字 段 名 称	数 据 类 型	字 段 含 义
ID	长整型	—
视频编号	字符型	对应摄像头的名称
桥梁 ID	字符型	摄像头所属桥梁 ID
IP 地址	字符型	对应摄像头的访问地址
端口	字符型	通过端口和 IP 访问摄像头
登录用户名	字符型	摄像头登录页面用户名
登录密码	字符型	用户名对应的密码
状态	整型	根据状态判断摄像头是否在工作
备注	字符型	—

表 C-11　超限报警信息表

字 段 名 称	数 据 类 型	字 段 含 义
ID	长整型	数据 ID
监测点 ID	长整型	该条报警数据所属测点 ID
报警级别	整型	预警级别(1:超限一级;2:超限二级;3:超限三级)
当前超限值	双精度浮点型	按照实际精度保留小数

续上表

字 段 名 称	数 据 类 型	字 段 含 义
报警开始时间	日期时间型	开始出现报警的时间
报警结束时间	日期时间型	报警结束的时间
处理状态	整型	报警记录的关注状态(0:未处理;1:已处理;)
处理措施	字符型	—
备注	字符型	—

表 C-12 特殊事件信息表

字 段 名 称	数 据 类 型	字 段 含 义
ID	长整型	—
特殊事件名称	字符型	特殊事件的名称
特殊事件类型	字符型	特殊事件所属的事件类型,例如:强(台)风、地震、洪水、交通事故等
特殊事件开始时间	日期时间型	特殊事件发生的时间
特殊事件结束时间	日期时间型	特殊事件结束的时间
事件描述	长文本型	对特殊事件进行一个简述
录入人	字符型	录入事件的人员名称
录入时间	日期时间型	录入事件的时间
处置状态	整型	(0:未处置;1:已处置)
处置措施	长文本型	—
备注	字符型	—

表 C-13 桥梁健康度信息表

字 段 名 称	数 据 类 型	字 段 含 义
ID	长整型	数据 ID
健康度	字符型	健康度等级:Ⅰ基本完好;Ⅱ轻微异常;Ⅲ中等异常;Ⅳ严重异常
评估时间	日期时间型	—
备注	字符型	—
是否最新	布尔型	—

表 C-14 桥梁评估报告信息表

字 段 名 称	数 据 类 型	字 段 含 义
ID	长整型	—
桥梁 ID	字符型	报告所对应的桥 ID
名称	字符型	上传报告的名称
报告所属类型	字符型	报告类型编号

续上表

字 段 名 称	数 据 类 型	字 段 含 义
文件实体 ID	字符型	用于对报告进行后期下载查看
评估日期	日期时间型	报告对应的评估日期
上传人	字符型	上传报告的用户
上传时间	日期时间型	用户上传报告的时间
备注	字符型	—

续上表

附录D 监测类别基本信息定义

监测类别基本信息定义表见表D-1。

表D-1 监测类别基本信息定义表

监测类别		监测类别简称	监测内容	数据单位	数据方向
环境	环境温度	RTS	桥址区环境温度	摄氏度(℃)	—
			主梁内温度		
			主缆内温度		
			锚室内温度		
			鞍罩内温度		
			索塔内温度		
	环境湿度	RHS	桥址区环境湿度	百分比(%)	—
			主梁内湿度		
			主缆内湿度		
			锚室内湿度		
			鞍罩内湿度		
			索塔内湿度		
	雨量	PWS	降雨量	毫米(mm)	—
	结冰	FRZ	桥面结冰	毫米(mm)	—
			主缆结冰		
作用	车辆荷载	HSD	所有车道车重、轴重、轴数、车速	车重、轴重:千克(kg);车速:千米每时(km/h)	—
			所有车道车流量	辆	—
			所有车道的车辆空间分布	—	—
	风速、风向	UAN	桥面风速、风向	风速:米每秒(m/s);风向:度(°)	水平风向以正北向为0°,正东向为90°,正南向为180°,正西向为270°;垂直风向应以水平为0°,垂直于水平面向下为-90°,垂直于水平面向上为90°
			塔顶风速、风向		

续上表

监测类别	监测类别简称	监测内容	数据单位	数据方向
作用	结构温度 TMP	混凝土或钢结构构件温度	摄氏度(℃)	—
		主缆温度		
		桥面铺装层温度		
	船舶撞击 VID	桥墩加速度	米每平方秒(m/s²)	—
	地震 VIE	桥岸地表场地加速度	米每平方秒(m/s²)	—
		承台顶或桥墩底部加速度		
结构响应	位移 DIS	主梁竖向位移	毫米(mm)	下挠为负,上拱为正
		主梁横向变形		—
		支座位移		—
		梁端纵向位移		—
		塔顶偏位		x 为顺桥向方向,y 为横桥向方向,z 为水平面向上法线方向
		主缆偏位		x 为顺桥向方向,y 为横桥向方向,z 为水平面向上法线方向
		拱顶位移		—
		梁桥高墩墩顶位移		—
	转角 INC	塔顶截面倾角	度(°)	
		梁端水平转角		
		梁端竖向转角		
	应变 RSG	主梁关键截面应变	微应变(με)	负值为压应变,正值为拉应变
		索塔关键截面应变		
	索力 VIC	吊索索力	千牛(kN)	—
		锚跨索索力		
	支座反力 STF	支座反力	千牛(kN)	—
	振动 VIB	主梁竖向振动加速度	米每平方秒(m/s²)	—
		主梁横向振动加速度		
		主梁纵向振动加速度		
		塔顶水平双向振动加速度		
		索振动加速度		

续上表

监测类别	监测类别简称	监测内容	数据单位	数据方向
结构变化	基础冲刷 SCO	基础冲刷深度	毫米(mm)	—
	位移 AND	锚碇位移 拱脚位移	毫米(mm)	—
	裂缝 CRK	混凝土结构裂缝 钢结构裂缝	毫米(mm)	—
	腐蚀 COR	墩身、承台混凝土氯离子浓度	千克每立方米(kg/m^3)	—
		墩身、承台混凝土侵蚀深度	毫米(mm)	—
	预应力 STR	体外预应力	千牛(kN)	—
	断丝 BRK	吊索、主缆断丝	—	—
	螺栓状态 BTF	索夹螺栓紧固力、 高强螺栓紧固力、螺栓滑脱	千牛(kN)	—
	索夹滑移 CSP	索夹滑移	毫米(mm)	—

附录 E　实时数据传输协议

E.1　通用报文协议编码

通用报文协议编码主要用于除了 GNSS 和动态称重数据的监测数据的实时传输,其网络连接采用 TCP 或 UDP 协议,报文长度一共 $16+N\times4$ 个字节,其中前面 16 字节为传感器属性信息,后面的 $N\times4$ 为每一秒的数据值,可以是多组数据,具体报文协议结构如图 E-1 所示。

报文类型 1字节	预留位 4字节	消息长度 2字节	时间戳 7字节	传感器通道 2字节	数据值1 4字节	……	数据值N 4字节

图 E-1　通用报文协议结构组成

具体协议数据格式见表 E-1。

表 E-1　通用报文协议数据格式定义

消息结构	字节序	字段	数据类型	内容描述	备注
报文类型	0	报文类型	BYTE	报文类型=2	02 代表通用报文
预留位	1	预留	BYTE	预留,默认为 0	—
	2	方向	BYTE	0:下行信息;1:上行信息	—
	3	网络通信计算机编号	BYTE	默认为 0	—
	4	命令码	BYTE	命令码=1	—
消息长度	5	长度低	INT	报文长度用两个字节表示,低字节在前,高字节在后	报文长度为 $N\times4+9$,即 7 个时间字节和 2 个对象码字节,每个数据值占 4 个字节,一共 N 对
	6	长度高			
时间戳	7	年	BYTE	年+1900	实际的年需要加上 1900
	8	月	BYTE	月	—
	9	日	BYTE	日	—
	10	时	BYTE	时	—
	11	分	BYTE	分	—

续上表

消息结构	字节序	字段	数据类型	内容描述	备 注
时间戳	12	毫秒低	INT	毫秒用两个字节表示,低字节在前,高字节在后	用毫秒数除以1000得到的值就是秒数,余数就是毫秒数
	13	毫秒高			
传感器通道	14	对象码低	INT	对象码用两个字节表示,低字节在前,高字节在后	对象码就是数据通道号,为1~32767的整
	15	对象码高			
传感器数据	16	数据值低	FLOAT	数据值用4个字节表示,此字节为低字节	从字节16开始,依次每4个字节表示一个数据值,一共N个
	17	数据值		数据值用4个字节表示,此字节为次低字节	
	18	数据值		数据值用4个字节表示,此字节为次高字节	
	19	数据值高		数据值用4个字节表示,此字节为高字节	

E.2 GNSS报文协议编码

GNSS报文协议编码主要实现GNSS监测类型的数据实时传输,包含北斗、GPS等,传输数据应为解算后的X,Y,Z坐标的相对变化量,协议消息体长度根据测点数量而变化,具体报文协议结构如图E-2所示。

| 报文类型
1字节 | 预留位
5字节 | 测点数
1字节 | 测点1数据
26字节 | …… | 测点N数据
26字节 |

图E-2 GNSS报文协议结构组成

GNSS报文协议具体数据格式定义见表E-2。

表E-2 GNSS报文协议数据格式定义

消息结构	字节序	字段	数据类型	内容描述	备 注
报文类型	0	报文类型	BYTE	报文类型=3	03代表GNSS报文
预留位	1	预留	BYTE	预留,默认为0	预留信息
	2	方向	BYTE	0:下行信息;1:上行信息	数据传输方向
	3	网络通信计算机编号	BYTE	默认为0	预留信息

续上表

消息结构	字节序	字段	数据类型	内容描述	备注
预留位	4	命令码	BYTE	命令码 = 1	预留信息
	5	数据类型	BYTE	数据类型 = 0	默认为 0 表示坐标数据
测点数	6	测点个数	BYTE	本报文中包含测点数量	最小为 1,最大为 255
测点 1 数据	7	测点 1 的 dx 编号	INT	x 方向的数据通道编号	—
	9	测点 1 的 dx 值	FLOAT	浮点数,占用 4 个字节,前低后高	—
	13	测点 1 的 dy 编号	INT	y 方向的数据通道编号,二字节整数	—
	15	测点 1 的 dy 值	FLOAT	浮点数,占用 4 个字节,前低后高	—
	19~20	测点 1 的 dz 编号	INT	z 方向的数据通道编号,二字节整数	—
	21~24	测点 1 的 dz 值	FLOAT	浮点数,占用 4 个字节,前低后高	—
	25~32	测点 1 采集时间	BYTE[8]	占用 8 个字节,前低后高。时间格式是年月日时分秒毫秒(毫秒两字节)	实际的年 = 1900 + 年
…	…	…	…	…	…
测点 N 数据	$26 \times (N-1) + 7$	测点 N 的 dx 编号	INT	X 方向的数据通道编号	重复测点 1 的字段

参考文献

[1] 交通运输部科学研究院.公路桥梁结构监测技术规范:JT/T 1037—2022[S].北京:人民交通出版社股份有限公司,2022.

[2] 中交第一公路勘察设计研究院有限公司.公路桥涵养护规范:JTG 5120—2021[S].北京:人民交通出版社股份有限公司,2021.

[3] 雅各布·弗雷登.现代传感器手册原理、设计及应用[M].宋萍,等,译.北京:机械工业出版社,2019.

河南省高速公路重点桥隧和高边坡预警监测系统建设技术指南

第二册 隧道预警监测系统

河南省高速公路联网管理中心
河南省交通规划设计研究院股份有限公司　编著
河南高速公路试验检测有限公司

人民交通出版社股份有限公司
北　京

内 容 提 要

本书介绍了河南省高速公路重点桥隧和高边坡预警监测系统的建设、维护和应用要求，规定了河南省高速公路重要关键设施结构安全和运行状况监测的内容、方法、数据标准和系统的设计、维护和应用要求，对指导各单系统建设、运维、监测数据应用并实现与省级系统数据互联互通具有一定的指导意义。

本书可供从事公路桥梁结构监测、隧道运行监测和高边坡自动化监测系统设计、施工、维护及养护工作的管理人员使用。

图书在版编目(CIP)数据

河南省高速公路重点桥隧和高边坡预警监测系统建设技术指南 / 河南省高速公路联网管理中心，河南省交通规划设计研究院股份有限公司，河南高速公路试验检测有限公司编著. — 北京：人民交通出版社股份有限公司，2023.7

ISBN 978-7-114-18833-6

Ⅰ.①河… Ⅱ.①河…②河…③河… Ⅲ.①高速公路—公路桥—桥梁工程—安全监控—指南②高速公路—公路隧道—隧道工程—安全监控—指南③高速公路—边坡—道路工程—安全监控—指南 Ⅳ.①U448.14-62②U459.2-62③U418.5-62

中国国家版本馆 CIP 数据核字(2023)第 103315 号

Henan Sheng Gaosu Gonglu Zhongdian Qiaosui he Gaobianpo Yujing Jiance Xitong Jianshe Jishu Zhinan

书　　名	河南省高速公路重点桥隧和高边坡预警监测系统建设技术指南　第二册　隧道预警监测系统
著　作　者	河南省高速公路联网管理中心 河南省交通规划设计研究院股份有限公司 河南高速公路试验检测有限公司
责任编辑	潘艳霞
责任校对	赵媛媛　龙　雪
责任印制	刘高彤
出版发行	人民交通出版社股份有限公司
地　　址	(100011)北京市朝阳区安定门外外馆斜街 3 号
网　　址	http://www.ccpcl.com.cn
销售电话	(010)59757973
总 经 销	人民交通出版社股份有限公司发行部
经　　销	各地新华书店
印　　刷	北京市密东印刷有限公司
开　　本	880×1230　1/16
总 印 张	14.75
总 字 数	319 千
版　　次	2023 年 7 月　第 1 版
印　　次	2023 年 7 月　第 1 次印刷
书　　号	ISBN 978-7-114-18833-6
总 定 价	120.00 元(第一、二、三册)

(有印刷、装订质量问题的图书，由本公司负责调换)

第二册编写委员会

主　　编：束景晓

副 主 编：张建龙　　冀孟恩　　王笑风

参编人员：黄　辉　　樊祥磊　　杨　博　　王韶鹏　　侯　坤　　崔小艳
　　　　　　范永亮　　李　帅　　傅　磊　　侯明业　　王前方　　靳海霞
　　　　　　李　俊　　郑　莉　　杨占东　　梁柯峰　　化高伟　　张　沙
　　　　　　徐　可　　杨　凯　　胡久松　　杨龙华　　石帅峰　　王红磊
　　　　　　徐青杰　　毛海臻　　孙卫国　　赵　云　　李　晴　　娄升升
　　　　　　袁　雄　　全　翀　　史　岩　　申　海　　薛培文　　郑　江
　　　　　　代公正　　冯　佳

前　言

　　为提升高速公路长大桥隧、高边坡等重要关键设施结构监测和安全保障能力，交通运输部相继印发了《"十四五"公路养护管理发展纲要》《交通运输领域新型基础设施建设行动方案(2021—2025)》《公路长大桥梁结构健康监测系统建设实施方案》等系列文件，文件明确提出研究建立桥隧基础设施结构安全和运行状况监测体系，增强对公路重要关键设施的结构病害及周边环境风险等的监测预(报)警和应急处置能力。为满足这一新形势要求，河南省高速公路联网管理中心组织河南省交通规划设计研究院股份有限公司、河南高速公路试验检测有限公司等单位，编写《河南省高速公路重点桥隧和高边坡预警监测系统建设技术指南》(以下简称《指南》)，以规范指导河南省高速公路重点桥隧和高边坡预警监测系统的建设工作，旨在统一数据标准和接口标准，便于不同层级系统之间互联互通、成网运行。

　　《指南》是充分吸纳了国内外的最新研究成果，广泛征求了监测系统建设、研究、设计、施工、运维及传感器研发、生产等从业人员意见建议，并结合河南省高速公路养护管理实际情况编写完成的。《指南》分为桥梁结构监测系统、隧道预警监测系统和高边坡预警监测系统3个分册。第一册桥梁结构监测系统包括9章和5个附录，系统规定了桥梁结构监测系统的监测内容、方法、数据标准和系统的设计、维护和应用要求；第二册隧道预警监测系统包括8章和9个附录，规定了隧道综合运行状态、机电设施运行状态和重要土建结构健康状态监测的内容、方法、数据标准和系统的设计、维护和应用要求；第三册高边坡预警监测系统包括9章和8个附录，分别对高边坡监测系统的监测内容、方法、数据标准、数据采集传输和储存、数据分析与应用作了详细规定。

　　由于编者水平有限，书中内容难免有不足和疏漏之处，敬请读者在实践中加以修改完善，并提出宝贵的批评意见。

编　者
2023 年 3 月

目 录

1 总则 ··· 1
2 术语 ··· 2
3 基本规定 ··· 3
4 监测内容 ··· 5
   4.1 一般规定 ··· 5
   4.2 隧道综合运行状态监测 ··· 5
   4.3 机电设施运行状态监测 ··· 6
   4.4 结构健康监测 ·· 6
   4.5 隧道技术状况评定 ·· 9
5 监测方法 ··· 10
   5.1 一般规定 ··· 10
   5.2 数据采集方式 ·· 10
   5.3 预警与告警 ··· 11
   5.4 隧道综合运行状态监测 ··· 13
   5.5 机电设施运行状态监测 ··· 15
   5.6 结构健康监测 ·· 15
   5.7 隧道技术状况评定 ·· 25
6 监测预警系统 ··· 26
   6.1 一般规定 ··· 26
   6.2 传感器设施 ··· 26
   6.3 数据采集与传输子系统 ··· 28
   6.4 数据分析与管理子系统 ··· 29
   6.5 预警与告警子系统 ·· 30
   6.6 前端展示子系统 ··· 30
   6.7 应急响应与处置子系统 ··· 31
   6.8 隧道本地综合管控子系统 ·· 31

6.9	系统维护与安全	32
6.10	标准化数据交换接口	34

7 监测数据 35
    7.1 一般规定 35
    7.2 数据类型 36
    7.3 数据编码规则 36
    7.4 数据处理 37

8 数据分析与应用 38
    8.1 一般规定 38
    8.2 数据应用 38
    8.3 资料管理 39

附录 A 隧道监测仪器和传感器选用表 40
附录 B 监测仪器和传感器档案表 43
附录 C 监测断面与测点编号 44
附录 D 测点布置与监测装置图 45
附录 E 监测报表 48
附录 F API 接口错误代码参考 51
附录 G 监测数据详细信息参考 52
    G.1 隧道基础信息 52
    G.2 机电设施及监测点信息 54
    G.3 隧道运行配置 55
    G.4 隧道实时监测数据 56
    G.5 隧道运行数据 56
    G.6 报警及异常 63
    G.7 应急事件及应急处置 66

附录 H 设备类型及编码参考 67
附录 I 设备数据类型及编码参考 69

参考文献 70

1 总则

1.0.1 为提升公路隧道管理水平和安全耐久水平,指导和规范隧道运行监测预警系统的建设、维护和应用,制定本指南。

1.0.2 本指南适用于运营期公路隧道运行监测预警系统建设,改扩建隧道可参照使用。

1.0.3 公路隧道长期监测应积极慎重地采用新技术、新设备、新工艺。

1.0.4 公路隧道长期监测除应符合本指南的规定外,尚应符合国家和行业有关的法律、法规、标准规范的相关规定。

1.0.5 为动态实时掌握公路隧道运行状况,促进公路隧道科学、安全、高效运行,保障公路隧道安全运维,推进公路隧道运行监测预警系统建设或改造升级。

2 术语

2.0.1

监测设备 surveillance equipment

用来监视隧道内交通运行状况、结构状态和环境参数的设备。

2.0.2

土建结构 tunnel structure

主要是指隧道的各类土木建筑工程结构物,包括洞口边仰坡、洞门、衬砌、路面、防排水设施、斜(竖)井、检修道及风道等结构物。

2.0.3

机电设施 mechanical & electrical equipments

为隧道运行服务的相关设施,包括供配电设施、照明设施、通风设施、消防设施、监控与通信设施等。

2.0.4

病害监测 disease monitoring

对隧道结构及设施病害特征及变化进行的观测与分析。

2.0.5

RESTful API representational state transfer architecture API

满足表述性状态转移(REST)架构约束的应用程序编程接口,基于 HTTP、URI、XML、JSON 等标准和协议,支持轻量级、跨平台、跨语言的架构设计。

2.0.6

隧道运行监测预警系统 tunnel monitoring and early warning system

以大数据和物联网技术为基础,通过对隧道内部及周边监测设备数据、隧道各项参数和周边环境因素进行分析,对隧道的综合运行状态、机电设施运行状态和结构正常使用水平和安全状态进行监测,并对可能出现的安全问题进行预警的系统。

3　基本规定

3.0.1　监测预警系统应对隧道综合运行状态、机电设施运行状态、隧道结构响应和结构变化进行监测、报警和预警,对监测数据进行分析和评估,能够动态掌握公路隧道运行状态,提高应急处置及安全保障能力。

3.0.2　监测预警系统应能对异常情况进行报警,在发生应急告警时,能及时响应并引导管理人员进行自动化的应急处置。

条文说明

　　报警是隧道运行监测预警系统的重要功能之一。当隧道的结构变化、运行环境异常或发生意外事故时,监测预警系统及时给出警示,提醒相关管理部门。在确认发生应急事件时,监测预警系统应能根据事先制定的应急预案,通知相关部门,进行一定的自动响应,引导管理人员进行应急处置,辅助保障应急处置过程顺利进行,并在整个应急处置过程中进行全过程的记录,为事后复盘提供资料和为以后相关应急事件处置方案的制定和优化提供支持。在隧道运营过程中,监测预警系统会累积大量日常运营状态的监测数据,通过数据的分析可以实时掌握隧道当前运营状态,并为隧道管理决策和预警提供依据。

3.0.3　对隧道进行结构健康监测应不影响隧道本体结构的安全性和耐久性。监测方法应合理易行,满足对病害特征、土建结构受力和变形分析的要求,且不应影响结构正常受力和使用。

3.0.4　应对隧道的重大结构病害进行结构健康监测;宜对隧道的重大隐患部位、严重不良地质地段进行结构健康监测。

条文说明

　　重大结构病害指隧道洞口、洞门、衬砌、路面等土建结构存在的可能影响、已影响或已危及行人行车安全的裂缝、渗漏水、衬砌起层剥落、路面和仰拱隆沉等现象。重大隐患指施工期出现塌方、大变形、突泥涌水的地质地段或二次衬砌厚度、强度、背后空洞等存在的可能影响结构安全的现象。严重不良地质地段指隧道穿越的大中型断裂带、岩溶发育区、强膨胀性围岩、高地应力软岩、湿陷等级Ⅲ级及以上的湿陷性黄土、融沉Ⅲ级及以上的多年冻土、冻胀Ⅲ级及以上的季节性冻土、海底风化槽,或高水压、河床冲淤剧烈、严重偏压的地质地段。

3.0.5 宜根据区段土建结构技术状况值、重大隐患和严重不良地质,逐洞、逐段划分监测等级,分级标准宜按表3-1执行。应按现行《公路隧道养护技术规范》(JTG H12)评定土建结构技术状况值,取区段内的最大值确定区段土建结构技术状况值。

表3-1 隧道结构健康监测等级划分标准

严重不良地质	隐 患	区段土建结构技术状况值			
		1	2	3	4
无	无	—	一级	二级	三级
	有	一级	二级	三级	三级
有	无	一级	二级	三级	三级
	有	二级	三级	三级	三级

注:隐患或严重不良地质地段未出现病害时,长期监测可按一级监测等级实施。

3.0.6 隧道结构健康监测要求宜按表3-2执行。

表3-2 隧道结构健康监测要求

监测等级	监测内容与方法
一级	以病害特征监测为主,以结构变形、受力监测为辅;人工监测为主
二级	以病害特征、结构变形、受力监测为主,以围岩或周边环境监测为辅;采用专业监测设备,对重要监测项目实施自动化监测
三级	同时开展病害特征、结构变形、受力以及围岩或周边环境监测;对病害的关键参数及结构变形、受力等监测项目实施自动化监测

3.0.7 因隧道内机电设施多,运行情况复杂,监测预警系统宜根据实际情况为每条隧道或隧道群建立独立的本地综合管控系统,以提高本地运行的稳定性、系统运行效率和应急响应和处置效率。

3.0.8 监测预警系统应制定安全保护措施,可按照现行《信息安全技术 网络安全等级保护基本要求》(GB/T 22239)进行系统等保定级、备案、建设、测评和保护。

4 监测内容

4.1 一般规定

4.1.1 监测内容应包括隧道综合运行状态监测、机电设施运行状态监测、隧道技术状况评定,可根据隧道的状况进行结构健康状态监测。

条文说明

　　隧道综合运行状态监测包括但不仅限于气象条件、空气质量状况、通行状态、照明状况、电力监控数据等。

　　机电设施运行状态监测包括机电设施的工作状态和实时数据状态及能否按照管控需求进行设备的远程、联动控制等。

　　隧道结构响应和结构变化监测包括对隧道重大结构病害、重大隐患和严重不良地质地段的结构健康监测。

　　隧道技术状况评定包括隧道历年定检、国检的技术状况评定结果,可由管理单位或检测单位人工上传或通过外部系统数据对接上传。

4.1.2 监测内容应考虑各隧道不同的监测需求、隧道日常运行情况、机电设施状况、隧道当前的结构状况确定相应的监测内容。

4.1.3 隧道结构健康状态监测宜根据结构病害或重大隐患、不良地质合理确定监测范围和断面间距,并符合下列规定:

　　1　监测范围应覆盖重大结构病害或重大隐患、严重不良地质地段,并宜沿隧道轴线向两端各延伸 1~3 倍隧道洞宽。

　　2　一级、二级监测断面间距可取 10~50m;三级监测断面间距可取 5~10m。

　　3　同一监测区段,监测断面不宜少于 2 个。

4.2 隧道综合运行状态监测

4.2.1 监测预警系统应根据隧道内各种机电设施的状态和实时数据进行隧道内实时运行状态的监

测,包括但不仅限于气象条件、空气质量状况、通行状态、照明状况、电力监控数据等。

条文说明

隧道通行状态是指当前隧道是否处于正常通行状态,是否进行交通管制(如部分封道、单洞封闭、全洞封闭等)。

隧道拥堵状况是指当前隧道内车流量状况和车行速度,是否发生拥堵等情况。

隧道空气质量状况包括当前隧道内有害气体指标、风速以及通风设施运行情况。

隧道照明状况包括隧道内照明设施开启状态、洞内照度情况、洞外光照强度以及洞内照度是否满足设计需求情况。

隧道区域气象条件及洞口路面状况包括洞口天气情况、温湿度、洞口路面积水状况、洞口路面积雪状况、洞口路面结冰状况等。

4.2.2 应根据隧道内机电设施配置和隧道机电及附属设施评定等级状况对运行状态监测项目进行按需调整。

4.3 机电设施运行状态监测

4.3.1 根据现行《公路隧道养护技术规范》(JTG H12),将机电设施分为供配电设施、照明设施、通风设施、消防设施、监控与通信设施,具体设施分类标准及各分类中的关键设施见本册附录 H.2。

4.3.2 监测预警系统应能对各机电设施分类中的关键设施的功能进行实时监测。

4.3.3 监测预警系统宜能对各机电设施分类中的关键设施的相关技术指标进行实时监测。

4.4 结构健康监测

4.4.1 重大结构病害或重大隐患

1 应根据病害类型、成因和监测等级等综合确定监测项目。
2 裂缝监测项目应按下列规定执行。
1)裂缝监测项目应符合表4-1的规定。

表4-1 裂缝监测项目

监测项目	监测等级		
	一级	二级	三级
裂缝位置、方向、长度、宽度、错台位置、错台量	宜测	宜测	宜测

续上表

监测项目	监测等级		
	一级	二级	三级
周边位移	宜测	应测	应测
拱顶下沉	宜测	应测	应测
衬砌应力	可测	宜测	应测

2）洞门裂缝监测项目应符合表4-2的规定。

表4-2 洞门裂缝监测项目

监测项目	监测等级		
	一级	二级	三级
裂缝位置、方向、长度、宽度、错台位置、错台量	宜测	宜测	宜测
洞门位移	可测	宜测	应测

3）外力或地基承载力不足等诱发的裂缝，除应符合表4-1、表4-2的规定外，还宜按表4-3的规定增加监测项目。

表4-3 根据裂缝成因增加的监测项目

监测项目	裂缝成因	监测等级		
		一级	二级	三级
洞口边仰坡变形	洞口偏压或地层滑移	可测	宜测	应测
隧道整体位移	洞口偏压或地层滑移	可测	宜测	应测
地层水平位移		可测	宜测	宜测
墙脚沉降	地基承载力不足、偏压	宜测	应测	应测
水压力	高水压	可测	宜测	应测
围岩温度	冻胀力	可测	宜测	应测

3 渗漏水监测项目应符合表4-4的规定。

表4-4 根据渗漏水现象或地质条件确定的监测项目

监测项目	裂缝成因	监测等级		
		一级	二级	三级
渗漏水位置、面积、水量、浑浊状态、pH值	—	宜测	宜测	宜测
水质	渗漏水引起衬砌材质劣化、钢筋腐蚀或出现溶蚀物	应测	应测	应测
水压力	涌流或喷射；施工期突涌水地段、岩溶发育区、富水破碎带、水下隧道	宜测	应测	应测

续上表

监测项目	裂缝成因	监测等级		
		一级	二级	三级
周边位移	施工期突涌水、塌方或大变形地段；岩溶发育区、富水破碎带、水下隧道	可测	宜测	应测
拱顶下沉		可测	宜测	应测
衬砌应力		可测	宜测	应测

4 衬砌起层剥落监测项目应符合表4-5的规定。

表4-5 衬砌起层剥落监测项目

监测项目	起层剥落成因	监测等级		
		一级	二级	三级
衬砌起层剥落位置、面积、深度	外力、材质劣化等	宜测	宜测	宜测
周边位移	外力	可测	应测	应测
拱顶下沉		可测	宜测	应测
衬砌应力		宜测	应测	应测

5 路面与仰拱隆沉监测项目应符合表4-6的规定。

表4-6 路面与仰拱隆沉监测项目

监测项目	路面与仰拱隆沉成因	监测等级		
		一级	二级	三级
路面隆沉	膨胀性围岩、冻胀力、高水压等	应测	应测	应测
仰拱隆沉		宜测	应测	应测
周边位移		可测	宜测	应测
墙脚沉降		可测	宜测	应测
水压力	高水压	宜测	应测	应测
围岩温度	冻胀土	可测	宜测	应测

6 重大隐患处出现病害时，应按本部分第3.0.5条的规定确定监测等级，并按4.4.1第1~5条的规定确定监测项目。

4.4.2 严重不良地质地段

1 严重不良地质地段监测项目宜符合表4-7的规定。

表4-7 严重不良地质地段监测项目

监测项目	路面与仰拱隆沉成因	监测要求
周边位移	大中型断裂带、熔岩发育区、强膨胀性围岩、高地应力软岩、湿陷等级Ⅲ级及以上的湿陷性黄土、融沉Ⅲ级及以上的多年冻土、冻胀Ⅲ级及以上的季节性冻土，或高水压、河床冲淤剧烈、严重偏压的地质地段	宜测
拱顶下沉		宜测
衬砌应力		宜测

续上表

监测项目	路面与仰拱隆沉成因	监测要求
水压力	熔岩发育区、河床冲淤剧烈、高水压	宜测
围岩温度	融沉Ⅲ级及以上的多年冻土、冻胀Ⅲ级及以上的季节性冻土	宜测
衬砌振动响应	地震烈度较大地段	应测
应力变化		应测

条文说明

湿陷等级的判定参考现行《湿陷性黄土地区建筑标准》(GB 50025)。

涨缩等级的判定参考现行《膨胀土地区建筑技术规范》(GB 50112)。

冻胀等级和融沉等级的判定参考现行《冻土地区建筑地基基础设计规范》(JGJ 118)。

4.5 隧道技术状况评定

4.5.1 监测预警系统应将隧道技术状况评定结果纳入管理,并上传历年定检、国检报告等资料。

5 监测方法

5.1 一般规定

5.1.1 隧道综合运行状态监测依赖机电设施获取到的实时运行数据进行综合分析和处理,得到实际的状态结果。

5.1.2 机电设施运行状态监测应综合隧道当前机电设施的配备情况、可用监测手段进行灵活调整。

5.1.3 结构健康监测应根据监测等级、监测项目选用不同的监测方法、精度和频率。

5.2 数据采集方式

5.2.1 监测预警系统应能通过被动接收或主动设备状态轮询方式实时获取所有接入设备的状态和数据信息,并进行分析、处理和储存。

5.2.2 监测预警系统对智能设施的数据采集和控制可在遵循各设备通信协议情况下,根据需要进行分布式或集中式采集和控制。

5.2.3 监测预警系统对非智能设施的数据采集和控制可通过隧道内可编程控制器进行集中式的采集和控制。

5.2.4 监测预警系统对设施的数据采集和控制宜采用无线有线相结合的方式进行通信,集中式采集主节点优先使用有线网络,宜配置无线备用网络;终端设施宜根据实际位置和安装环境选用合适的通信方式,在有线网络覆盖区域以外宜采用无线传输方式进行通信。

条文说明

有线传输方式的优点是抗干扰性、可靠性、保密性强;缺点为建设费用高,可扩展性较差,维护较为复杂。

无线传输方式的优点是综合成本较低,组网灵活,维护费用低;不同的无线传输方式都有各自的限制,适用场景不同。常用的无线传输方式有:

1 Wi-Fi:家庭物联网常用的传输方式,有较高的可靠性和传输速率,适用于室内区域;缺点为传输距离相对较近和功耗较高,连接节点较少。

2 蓝牙:低功耗,方便携带,移动扩展性好,缺点为传输距离有限,通信前需要进行设备配对,点对点连接,支持节点较少。

3 GPRS/4G/5G:实时在线,组网简单,利用广域网传输,适用于有相应信号的区域,缺点为公网传输降低安全性、功耗高,如果监测预警系统不在公网,或者隧道内无信号覆盖,则不适合使用此种传输方式。

4 NB-LoT:基于2G/3G/4G的低功耗广域网物联网技术,主要应用于大范围覆盖,多设备在线场景。同2G/3G/4G/5G,如果监测预警系统不在公网或隧道内无信号覆盖,则不适合使用此种传输方式。

5 LoRa:功耗低,部署成本低,传输距离远,穿透性强;缺点为传输速率低,不适合连续传输场景,且技术专利、芯片制作等全部被美国Semtech公司垄断。

6 Zigbee:近距离、低功耗、低成本、低速率、低延迟的双向无线通信技术,穿透性较差,适用于对时延要求苛刻的无线控制应用。

7 UWB(超宽带):功耗低,安全性高、穿透能力强、传输速率高、定位精确,目前在室内和地下定位领域应用较多。

5.2.5 监测预警系统对单个隧道的数据采集应在隧道本地进行,通过隧道本地综合管控系统进行数据的采集和分析处理,再同步至上层平台。

5.3 预警与告警

5.3.1 监测预警系统应能根据隧道内各项监测数据的历史变化情况对可能存在的安全隐患进行预测,应能通过对历史记录的分析和对实时数据的对比对隧道的综合运行状态进行预测,并在有潜在风险发生时进行分级预警。加入结构健康监测时,应能对结构变化和潜在风险进行预测和分级预警。

5.3.2 监测预警系统应能在发现数据异常时对当前出现的异常情况进行告警,并能根据异常情况的分析对告警进行分级。

5.3.3 预警与告警等级的设置参考应急预警等级设置,可分为0~4级,具体见表5-1。

表5-1 预警与告警等级参考标准

等级	颜色	说明	处置
0	绿色	无预警、报警。无异常情况或异常情况轻微,对交通安全无影响	无须处置

续上表

等级	颜色	说　明	处　置
1	蓝色	异常报警。隧道运行状况出现轻微异常、结构出现轻微破损，现阶段趋于稳定，对交通安全不会有影响	弱提示，记录日志，如有处置方案则可自动处置
2	黄色	异常预警、报警。隧道运行状况出现异常、结构出现中等破损并发展缓慢，可能会影响行人、行车安全	强提示，管理人员确认后进行简单处理
3	橙色	异常预警、报警，需启动应急预案。隧道运行状况出现严重异常、结构出现严重破损且发展较快，已影响行人、行车安全	强提示，可辅以声光报警手段，启动应急处置流程
4	红色	异常报警、预警，需启动应急预案。隧道运行状况出现危险状态、结构出现严重破坏且发展迅速，已危及行人、行车安全	强提示，可辅以声光报警手段，启动应急处置流程

条文说明

参考现行《公路隧道养护技术规范》(JTG H12)公路隧道总体技术状况评定。

由于每个隧道的具体情况不尽相同，具体的预警和告警等级阈值范围应根据各个隧道的设计文件和具体情况进行设置，本指南不作规定。

5.3.4 当2级及以上等级预警或告警发生时，应能给予管理人员以明显的提示，并给出处理建议，待管理人员确认后，引导管理人员进行后续操作。3级及以上预警或告警宜加入较明显的声光报警手段。

5.3.5 系统应对预警与告警处置进行记录，做到事后可查，宜对应急事件的处置进行录屏、录像等多媒体记录手段，记录完整的处置过程。

5.3.6 通过数据分析得到的预警与告警信息应能在5s内在本地综合管控系统前端进行提示并进入相应的响应流程，上层平台应能在10s内接收到告警信息及响应和处置流程的同步信息。

5.3.7 预警与告警信息应能根据实际情况进行分级，在处置过程中应能对分级进行确认和重新定级。

5.3.8 预警与告警等级为1级时，可在系统内进行信息提示，并记录异常日志，如系统内预置本类型的处置方案，可自动执行，无须人工干预。

5.3.9 预警与告警等级为2级时，可在系统内进行强提示，需要人工确认预警或告警的真实性，并确定需要执行的处置方案。

5.3.10 隧道本地综合管控系统应能根据不同的预警或告警类型、等级设置不同的应急预案,在发生预警或告警3级及以上时,对管理人员进行明显的提示,经过人工确认后,应能对应急预案的执行给出建议,并引导管理人员进行应急响应和处置。上层平台应能对本地应急告警、响应、处置流程进行同步展示,必要时能对其进行干预。

5.3.11 隧道本地管控系统在发生预警或告警时,应能在处置过程中根据实际需要或应急预案的要求,通过各种机电设施对路上人员发出预警提醒。以下为常见的预警提醒方式:

  1 可变信息标志:向发生预警或告警的地点前方一段区域内的情报板发布相关信息,提示路上人员提前避让或做好应对措施。

  2 应急广播:通过隧道广播电话系统向隧道区域内的人员发布音频信息,提醒注意事项或引导路上人员按序疏散,并可根据需要对不同区域发布不同内容的信息。

  3 调频广播:通过调频广播手段向隧道区域内的车载收音机发布信息,为车内人员提供信息提醒,作为应急广播的补充手段。

  4 车道指示标志、交通灯:通过状态的改变对行车方向和行车路线进行指示和引导。

  5 诱导系统:通过其他一些新的声光电手段对车辆或人员进行信息提示或引导,如洞口的安全诱导系统等。

5.4 隧道综合运行状态监测

5.4.1 宜根据视频分析系统或车流量、车速等信息判断当前隧道拥堵状态。如视频分析系统有拥堵相关告警信息,可根据视频分析系统的告警状况判断拥堵等级,视频分析系统无告警时,根据车速判断。隧道平均行驶速度与交通拥堵度的对应关系见表5-2。

表5-2 隧道平均行驶速度与交通拥堵度的对应关系(单位:km/h)

限速	平均行驶速度			
120	≥70	[50,70)	[30,50)	[0,30)
110	≥65	[45,65)	[25,45)	[0,25)
100	≥60	[40,60)	[20,40)	[0,20)
90	≥55	[35,55)	[20,35)	[0,20)
80	≥50	[35,50)	[20,35)	[0,20)
70	≥45	[30,45)	[20,30)	[0,20)
60	≥40	[30,40)	[20,30)	[0,20)
<60	≥40	[30,40)	[20,30)	[0,20)
交通拥堵度	畅通	轻度拥堵	中度拥堵	严重拥堵
颜色表示	绿色	黄色	橙色	红色
交通拥堵度分级	Ⅳ级	Ⅲ级	Ⅱ级	Ⅰ级

条文说明

参考《道路交通拥堵度评价方法》(GA/T 115—2020),公路或城市快速路区间路段平均行程速度,根据隧道限速确定判断区间。

5.4.2 空气质量状况根据空气质量传感器各项监测指标值和规定阈值进行告警设置,根据风速风向和通风设施运行状态进行处置状态判断。具体报警参数以各个隧道的设计指标为准,如无明确规定,则可参照现行《公路隧道通风设计细则》(JTG/T D70/2-02)。

1 CO 设计浓度取值见表 5-3。

表 5-3 隧道 CO 设计浓度

隧道长度(m)	≤1000	(1000,3000]	>3000
CO 浓度(cm^3/m^3)	150	150~100 线性内插法取值	100

2 NO_2 设计浓度取值为 $1.0 cm^3/m^3$。

3 隧道能见度Ⅵ设计浓度 K(衰减系数)取值见表 5-4。

表 5-4 隧道能见度Ⅵ设计浓度 K

设计速度(km/h)	≥90	[60,90)	[50,60)	(30,50)	≤30
设计浓度 $K(m^{-1})$	0.0050	0.0065	0.0070	0.0075	0.0120

5.4.3 照明状况根据当前洞内照度检测器数值判断当前照度是否符合标准,通过各个照明段开启状态和亮度状态判断当前照明系统运行状态。具体报警参数以各个隧道的设计指标为准,如无明确规定,则可参照现行《公路隧道照明设计细则》(JTG/T D70/2-01)。

5.4.4 隧道区域气象条件和隧道洞口路面状况使用对应传感器监测值(如有此类型设施)。

5.4.5 当隧道内车辆拥堵度分级Ⅱ级及以上时,监测预警系统应能产生道路拥堵告警,并引导管理人员进行相应的处置。

5.4.6 当隧道内交通拥堵等级达到Ⅱ级或以上时,监测预警系统应能启动车辆拥堵告警,并按照相应的策略进行处置。

5.4.7 当隧道内空气质量超过设计限定值时,监测预警系统应能按照既定策略启动自动处置方案,当一定时间内自动处置方案无法改善目前空气质量情况时,应能启动隧道内空气质量超标告警,并按照相应的策略进行处置。

5.4.8 监测预警系统应能根据预先设置的策略进行照明自动控制,并支持管理人员根据当前的情况按照预先设置的方案进行手动控制。

5.4.9 遇到恶劣天气或洞口通行状态异常(积水、积雪、结冰)时,监测预警系统应能启动相应的告警,并引导管理人员进行相应的处置。

5.5 机电设施运行状态监测

5.5.1 在监测到隧道内的关键设施有功能异常时,监测预警系统应能产生相应的设备异常告警,提醒管理人员尽快处理。

5.5.2 监测预警系统宜具备通过历史记录分析监测隧道内关键设施相关技术指标是否异常的功能,在监测到异常时,能通过设备本身的自标定功能或系统内部的自标定功能进行自动数值标定,或在系统中产生相应的异常告警,提醒管理人员尽快处理。

5.5.3 监测预警系统宜与养护管理系统建立数据对接,将设备的功能或技术指标异常信息实时上报到养护管理系统中,提高设备异常处置的效率。

5.6 结构健康监测

5.6.1 裂缝监测

1 监测前应对监测裂缝统一编号,记录裂缝的位置、宽度、长度、方向、环境温度以及初测日期等。
2 裂缝位置测点宜布置在裂缝最宽处,可采用钢卷尺等测量裂缝最宽处与墙底线的距离。
3 裂缝方向宜采用量角器等进行测量。

条文说明
采用裂缝始末端连线与墙底线的夹角作为裂缝方向。

4 裂缝长度采用下列方法和要求实施监测:
1)自动化监测宜采用成像设备进行摄影量测。
2)采用成像设备监测时,应设置具有标定功能的参照物。
3)监测精度不宜低于10mm。
5 裂缝宽度采用下列方法和要求实施监测:
1)测点宜布置在裂缝最宽处,可参考本部分附录D。

2）自动化监测可采用裂缝计、位移计、测宽仪接入自动化数据采集仪进行监测，也可采用成像设备进行摄影量测；监测前应先采用人工监测方法确定裂缝宽度，作为自动化监测的初始值。

3）用裂缝计、位移计、测宽仪监测时，宜进行温度修正。

4）用成像设备监测时，宜设置具有标定功能的参照物。

5）监测精度不宜低于0.1mm。

6 错台位置测点宜布置在错台量最大处，错台量采用下列方法和要求实施监测：

1）不宜少于1个测点。

2）自动化监测宜采用裂缝计、位移计监测。

3）监测精度不宜低于0.1mm。

7 周边位移采用下列方法和要求实施监测：

1）监测断面宜与隧道轴线垂直，每断面不应少于3条测线，测点应布置在拱顶、两侧墙脚，可参考本部分附录D。

2）自动化监测宜采用激光测距仪、测量机器人、成像设备或巴塞特收敛系统。

3）采用激光测距仪监测时，宜在监测断面设置瞄准标志。隧道侧壁粗糙时，瞄准标志宜采用反射片，且应保持反射片清洁。

4）采用成像设备监测时，成像设备宜安装在不随断面变形的固定位置，测点便于识别，成像设备应防水、防尘、防震等。

5）采用巴塞特收敛系统监测时，相邻测点间应安装一组观测臂，观测臂应首尾相接。

6）监测精度不宜低于0.5mm。

8 拱顶下沉采用下列方法和要求实施监测：

1）监测断面应与周边位移布置在同一断面，测点布置在拱顶轴线附近；大断面宜适当增加测点；测点应安装牢靠。可参考本部分附录D。

2）监测网可采用假定高程系统，基准点较远或不便直接观测时，可布设工作基点，工作基点不应少于2个，且宜位于稳固可靠的位置，并定期进行校核；测点宜与基准点或工作基点组成闭合线路或附合水准线路。

条文说明

测量期间应定期根据基准点对工作基点的高程进行校核。

3）自动化监测宜采用测量机器人。

4）监测精度不宜低于0.5mm。

9 墙脚沉降采用下列方法和要求实施监测：

1）测点宜在两侧墙脚对称布置；与周边位移、拱顶下沉同时监测时，应布置在同一监测断面。

2）监测网、基准点、工作基点的布设应符合本部分第5.6.1.8条第2款的规定。

3）自动化监测宜采用测量机器人、静力水准仪。

4）采用静力水准仪监测时,应定期检校;结合起始点高程水准测量结果,计算各测点沉降量。高差大于 0.5m 的区段宜采用压差式静力水准仪,高差小于 0.5m 的区段宜采用液位式静力水准仪。高差较大时,应设置转点分段监测;严寒或温差较大地区应在仪器内注入防冻液,并具备测温功能。

5）监测精度不宜低于 0.5mm。

10 洞口边仰坡变形采用下列方法和要求实施监测:

1）应监测边仰坡地表的竖向和水平位移。

2）监测断面宜布置 1~3 个,断面间距 5~50m,每断面不应少于 3 个测点,连拱隧道、单洞三车道及以上的大断面隧道测点可适当加密。测点布置可参考本部分附录 D。

3）水平位移监测网可采用假设坐标系统,并一次布网;竖向位移监测网可采用假定高程系统。基准点较远或不便直接观测时,可布设工作基点,工作基点不应少于 2 个,且宜位于稳固可靠的位置,并定期根据基准点对工作基点进行校核。

4）水平位移可采用测量机器人进行自动化监测。监测精度不宜低于 1mm。

5）竖向位移可采用全站仪或测量机器人进行监测。监测精度不宜低于 1mm。当测点与基准点无法通视、距离较远或监测精度要求不高时,可采用 GNSS、北斗卫星进行自动化监测。

6）测量机器人测站视野应开阔无遮挡,周边应设置防水、防尘设施和安全警示标志。

7）采用 GNSS 或北斗卫星等新技术监测时,应进行拟合高程和平面控制测量,拟合高程测量宜与平面控制测量一起进行。

11 隧道整体位移采用下列方法和要求实施监测:

1）应监测拱顶、墙脚竖向和水平位移。

2）每个监测断面不应少于 3 个测点,墙脚测点对称布置,测点布置可参考本部分附录 D。

3）监测网、基准点、工作基点的布设应符合本部分第 5.6.1.10 条第 3 款的规定。

4）水平位移可采用测量机器人进行自动化监测,竖向位移可采用全站仪或测量机器人进行监测。

5）监测精度不宜低于 1mm。

12 洞门位移采用下列方法和要求实施监测:

1）应监测洞门竖向位移、水平位移和倾斜度。

2）应在洞门顶、底各布设不少于 3 个测点,上、下测点应在同一竖直线上。

3）竖向和水平位移监测网、基准点、工作基点应符合本部分第 5.6.1.10 条第 3 款的规定。可采用全站仪或测量机器人进行监测,也可采用水准仪、经纬仪分别监测竖向和水平位移,监测精度不宜低于 1mm。

4）倾斜度可采用倾斜仪进行自动化监测,监测精度不宜低于 0.01°。

13 地表水层位移采用下列方法和要求实施监测:

1）应至少布置一个测孔,测孔深度宜穿过潜在滑动面并进入稳定层,每测孔不应少于 3 个测点,测点布置可参考本部分附录 D。

2）自动化监测可采用固定式测斜仪。

条文说明

测斜仪一般包括测斜管、探头、电缆和读数仪等。

3)测斜仪系统精度不宜低于 0.25mm/m。

4)测斜管埋设时应保持竖直,导槽方向应与所需测管的位移方向保持一致。

5)测斜仪探头放入测斜管底后,应待探头接近管底温度时再测量。每个测点均应进行正、反两次量测,并取平均值作为最终值。

6)计算地层水平位移时,应确定固定起算点,固定起算点可设在测斜管的顶部或底部;当测斜管底部未进入稳定岩土体或已发生位移时,应以管顶为起算点,并测量管顶的平面坐标修正地层水平位移。

14 衬砌应力采用下列方法和要求实施监测:

1)测点宜布置在拱顶、拱腰、墙脚等部位,对称布置 3~7 个,测点布置可参考本部分附录 D。

2)宜采用表面应变计监测,量程宜取设计值的 2 倍。监测精度不宜低于 0.01MPa。监测数据应进行温度修正。

条文说明

根据监测环境、精度等要求,可采用振弦式、电阻式或光纤光栅式的表面应变计。

15 水压力采用下列方法和要求实施监测:

1)测点位置宜根据监测需要布置。

2)宜采用钻孔安装水压力表的方式进行监测。钻孔前应安装孔口管和防喷装置,孔口管与衬砌黏结应满足强度与防水要求,防喷装置应具有良好的密封性。监测时,应在防喷装置处安装套管、阀门和水压力表。水压力监测装置可参考本部分附录 D。

3)监测精度不宜低于 0.01MPa。

16 围岩温度采用下列方法和要求实施监测:

1)测点宜与其他监测项目测点布置在同一断面;每监测断面不宜少于 1 个测孔,每测孔不宜少于 3 个测点位置。

2)测孔深度应根据围岩温度场、最大冻结深度确定,钻孔安装后应及时封孔。

3)可采用温度计进行监测。监测精度不宜低于 0.1℃。

5.6.2 渗漏水

1 渗漏水位置测点宜布置在渗漏水中心区,可采用钢卷尺等测量渗漏水中心区与墙底线的距离。

2 渗漏水面积采用下列方法和要求实施监测:

1）宜采用红外热像仪等成像设备进行监测，也可采用钢卷尺等直接测量。

2）采用红外热像仪等成像设备监测时，每次测量的焦距、方位和距离应保持一致。

3 渗漏水量采用下列方法和要求实施监测：

1）渗漏水滴落速度小于0.2L/min时，宜采用容积法进行监测；渗漏水滴落速度大于0.2L/min时，宜采用流速法进行监测。

2）采用容积法监测时，隧道拱部出现明显滴漏和连续渗流，可采用有刻度的容器收集测量，计算24h的渗漏水量。

3）采用流速法监测时，应将渗漏水引入排水沟中，利用流量计监测。测速沟槽长度不宜小于15m的直线段，断面应一致，并保持一定纵坡。

4）监测精度不宜低于5%。

4 渗漏水浑浊状态监测，可采用容器收集渗漏水进行目测，按浑浊程度可分为透明、浑浊和明显浑浊3种。

5 渗漏水pH值监测可采用容器收集渗漏水，利用pH试纸或pH测定仪测定。

6 渗漏水水质监测可采用分光光度计、气相色谱仪、浊度计、余氯测定仪等，必要时，应送专业水质检测机构进行详细的水质分析。

7 周边位移、拱顶下沉、衬砌应力、水压力监测技术要求应分别符合本部分第5.6.1条中第7、8、14、15款的规定。

5.6.3 衬砌起层剥落

1 衬砌起层剥落位置测点宜布置在起层剥落中心，可采用钢卷尺等测量起层剥落中心与墙底线的距离。

2 衬砌起层剥落面积可采用坐标网格板进行量测，也可采用成像设备进行监测。监测精度不宜低于$0.001m^2$。

3 衬砌起层剥落深度测点应布置在最深处，可采用游标卡尺和直尺直接量测。测量时宜将直尺沿隧道轴线放置，用游标卡尺测量最深处深度。监测精度不宜低于5mm。

4 周边位移、拱顶下沉和衬砌应力监测技术要求应分别符合本部分第5.6.1条第7、8、14款的规定。

5.6.4 路面与仰拱隆沉

1 路面隆沉采用下列方法和要求实施监测：

1）测点宜布置在路面。

2）基准点或工作基点的布设应不少于3个。

3）可采用水准仪、全站仪、测量机器人进行监测。

4）监测精度不宜低于1mm。

2 仰拱隆沉采用下列方法和要求实施监测：

1）宜在路面隆沉最大处及两侧布置1~3个测孔,测点宜布设在介质分层处,也可等间距布设;测孔及测点布置可参考本部分附录D。

2）基准点或工作基点的布设应符合本部分第5.6.1.8条第2款的规定。

3）自动化监测宜采用多点位移计。

4）监测精度不宜低于1mm。

3 周边位移、墙脚沉降、水压力、围岩温度监测技术要求应分别符合本部分第5.6.1条第7、9、15、16款的规定。

5.6.5 严重不良地质地段

周边位移、拱顶下沉、衬砌应力、水压力、围岩温度监测技术要求应分别符合本部分第5.6.1条第7、8、14、15、16款的规定。

5.6.6 监测频率

1 监测频率应能满足系统反映监测项目重要变化过程而又不遗漏其变化时刻的要求。

2 自动化监测频率应依据监测需求确定,且不应低于表5-5、表5-6的要求。

表5-5 按监测等级确定的长期监测频率

长期监测等级	一级	二级	三级
监测频率	1~2次/月	2~3次/周	1~2次/d

表5-6 按日变化量确定的长期监测频率

监测项目	日变化量	监测频率
裂缝宽度	<0.02mm/d	1~2次/月
	0.02~0.1mm/d	1~3次/周
	≥0.1mm/d	1~3次/d
裂缝长度	<0.01mm/d	1~2次/月
	0.01~0.05mm/d	1~3次/周
	≥0.05mm/d	1~3次/d
渗水量	<0.1L/(m²·d)	1~2次/月
	0.1~1L/(m²·d)	1~3次/周
	≥1L/(m²·d)	1~3次/d
衬砌起层剥落面积	<0.0001m²/d	1~2次/月
	0.0001~0.001m²/d	1~3次/周
	≥0.001m²/d	1~3次/d

续上表

监测项目	日变化量	监测频率
衬砌起层剥落深度	<0.2mm/d	1~2次/月
	0.2~1mm/d	1~3次/周
	≥1mm/d	1~3次/d
错台量、路面隆沉、仰拱隆沉、周边位移、拱顶下沉、墙脚沉降、隧道整体位移、洞门位移	<0.2mm/d	1~2次/月
	0.2~1mm/d	1~3次/周
	≥1mm/d	1~3次/d
洞口边仰坡变形、地层水平位	<0.2mm/d	1~2次/月
	0.2~1mm/d	1~3次/周
	≥1mm/d	1~3次/d
衬砌应力、温度	<0.02MPa/d	1~2次/月
	0.02~0.1MPa/d	1~3次/周
	≥0.1MPa/d	1~3次/d
水压力	<0.01MPa/d	1~2次/月
	0.01~0.05MPa/d	1~3次/周
	≥0.05MPa/d	1~3次/d

3 出现下列情况之一,应适当调整监测频率:

1)监测数据达到预警标准。

2)邻近工程施工、超载、振动等周边环境发生较大改变。

3)极端降雨天气。

4)有危险征兆。

5)监测数据趋于稳定时,可适当减小监测频率。

条文说明

各监测项目的稳定评价标准应根据监测等级、养护等级,并结合经验确定。变形类监测项目稳定标准可取最后100d变化状态小于0.01mm/d,受力类监测项目的稳定标准可取最后100d应力变化状态小于0.01MPa/d,裂缝宽度监测稳定标准可取最后100d平均变化状态小于0.001mm/d。

5.6.7 感知设备

感知设备可根据下列建议进行选取:

1 裂缝感知设备可根据表 5-7 进行选取。

表 5-7 裂缝感知设备

监测仪器		测量方法	监测精度
宽度	裂缝计	仪器感应法	0.1mm
	摄像头	摄影量测	0.1mm
长度	摄像头	摄影量测	10mm

条文说明

监测技术要求应符合本部分第 5.6.1 条第 4、5 款的规定。裂缝长度监测宜采用直接测量法。

2 错台量感知设备可根据表 5-8 进行选取。

表 5-8 错台量感知设备

监测仪器	测量方法	监测精度
三向测缝计	仪器感应法	0.1mm

3 周边位移感知设备可根据表 5-9 进行选取。

表 5-9 周边位移感知设备

监测仪器	测量方法	监测精度
测量机器人	全断面扫描监测	0.5mm
红外激光测距仪	红外激光测距法	
视频监测	标点法与参照标靶	

条文说明

监测技术要求应符合本指南第 5.6.1 条第 7 款的规定。

4 拱顶下沉感知设备可根据表 5-10 进行选取。

表 5-10 拱顶下沉感知设备

监测仪器	测量方法	监测精度
测量机器人	三角高程测量法	1mm

条文说明

监测技术要求应符合本部分第 5.6.1 条第 8 款的规定。

5 墙脚沉降感知设备可根据表 5-11 进行选取。

表 5-11　墙脚沉降感知设备

监 测 仪 器	测 量 方 法	监 测 精 度
静力水准仪	静力水准量测	0.5mm

条文说明

监测技术要求应符合本部分第 5.6.1 条第 9 款的规定。

6　洞口边仰坡变形感知设备可根据表 5-12、表 5-13 进行选取。

表 5-12　地表竖向感知设备

监 测 仪 器	测 量 方 法	监 测 精 度
水平测量机器人	电子测距三角高程测量法	1mm
竖向 GNSS	GNSS 测量法	10mm

表 5-13　地表水平感知设备

监 测 仪 器	测 量 方 法	监 测 精 度
测量机器人	小角法、投点法、视准线法、方向线偏移法、三角、三边、边角测量	1mm
GNSS	GNSS 测量法	10mm

条文说明

监测技术要求应符合本部分第 5.6.1 条第 10 款的规定。

7　洞门位移感知设备可根据表 5-14 进行选取。

表 5-14　洞门位移感知设备

监 测 仪 器		测 量 方 法	监 测 精 度
竖向位移	测量机器人	投点法	1mm
水平位移			
倾斜度	倾斜仪	倾斜仪法	0.01°

条文说明

监测技术要求应符合本部分第 5.6.1 条第 12 款的规定。

8　隧道整体位移感知设备可根据表 5-9、表 5-15 进行选取,监测技术要求应符合本部分第 5.6.1 条第 11 款的规定。

9 地表水层位移感知设备可根据表 5-15 进行选取。

表 5-15　地表水层位移感知设备

监 测 仪 器
固定式测斜仪

条文说明

监测技术要求应符合本部分第 5.6.1 条第 13 款的规定。

10 衬砌应力感知设备可根据表 5-16 进行选取。

表 5-16　衬砌应力感知设备

监 测 仪 器	测 量 方 法	监 测 精 度
应变计	应变感应法	0.1MPa
应力计	应力感应法	

条文说明

监测技术要求应符合本部分第 5.6.1 条第 14 款的规定。

11 水压力感知设备可根据表 5-17 进行选取。

表 5-17　水压力感知设备

监 测 仪 器	测 量 方 法	监 测 精 度
孔隙水压力计	水压力感应法	0.01MPa

条文说明

监测技术要求应符合本部分第 5.6.1 条第 15 款的规定。

12 围岩温度感知设备可根据表 5-18 进行选取。

表 5-18　围岩温度感知设备

监 测 仪 器	测 量 方 法	监 测 精 度
温度计	温度感应法	0.1℃

条文说明

监测技术要求应符合本部分第 5.6.1 条第 16 款的规定。

13 路面隆沉感知设备可根据表5-19进行选取。

表5-19 路面隆沉剥落感知设备

监 测 仪 器	测 量 方 法	监 测 精 度
测量机器人	电子测距三角高程量测	1mm

条文说明

监测技术要求应符合本部分第5.6.4条第1款的规定。

14 仰拱隆沉感知设备可根据表5-20进行选取。

表5-20 路面隆沉剥落感知设备

监 测 仪 器	监 测 精 度
多点位移计	1mm

条文说明

监测技术要求应符合本部分第5.6.4条第1款的规定。

5.7 隧道技术状况评定

5.7.1 由隧道检测单位或隧道管理单位定期上传检测报告和重要检测结果数据。

6 监测预警系统

6.1 一般规定

6.1.1 监测预警系统应包含传感器设施、数据采集与传输子系统、数据分析与管理子系统、预警与告警子系统、前端展示子系统、应急响应与处置子系统等。

6.1.2 监测预警系统应将单个隧道的综合管控及应急处置业务分离出来,形成本地隧道综合管控系统,部署到隧道现场,以提高运行效率和应急响应效率。

6.1.3 监测预警系统的结构健康监测设计需要坚持长远规划的原则,结合工程结构的具体特点和场地条件,综合考虑工程结构各阶段的健康监测需求、特征以及环境条件变化的影响,为结构设计验证、结构模型校验与修正、结构损伤识别、结构养护与维修以及新方法新技术的发展提供支持,整个系统要做到安全可靠、方案可行、技术先进、经济合理、便于维护。

6.1.4 监测预警系统的设计,应充分利用隧道内原有机电设施,合理选用和布置传感器及采集系统,使之满足监测的目的和功能。监测预警系统硬件的布置宜有一定的冗余度,宜优先采用标准成熟的产品。

6.1.5 监测预警系统硬件应有适当的保护措施和可维护性,并能保证设计使用寿命。

6.1.6 监测预警系统软件应与硬件相匹配,且具有兼容性、可扩展性、易维护性和良好的用户使用性能。

6.2 传感器设施

6.2.1 根据传感器的监测参数,可以分为下述几类:
1 环境监测类传感器,包括温度传感器、湿度传感器、风环境传感器和地震动传感器等。
2 外部荷载监测类传感器,包括车速传感器和车载传感器等。

3 几何监测类传感器,包括位移传感器、转动传感器和全球 GNSS 等。
4 结构反应监测类传感器,包括应变传感器、位移传感器、加速度传感器和内力传感器等。
5 材料特性监测类传感器,包括锈蚀传感器、裂缝传感器和疲劳传感器等。

6.2.2 根据具体的项目要求和实际应用条件,本着力争实现"监测完整、性能稳定兼顾性价比最优"的主要原则选择合理的传感器类型和数量。

6.2.3 选择传感器时应考虑以下性能参数及相关要求:
1 量程,传感器的量程以被测量参数处在整个量程的 80%～90% 之内为最好,且最大工作状态点不能超过满量程。
2 采样频率,应根据监测参数和传感器类型选择适当的采样频率,如在对结构加速度等动态反应进行监测时,传感器采样频率应为需监测到的结构最大频率的 2 倍以上,为了避免混频现象,采样频率宜为结构最大频率的 3～4 倍。
3 线性度,传感器应具有良好而稳定的线性度,在对结构位移及应变等反应进行监测时需要满足较高的线性度要求。
4 灵敏度,传感器应具有良好而稳定的灵敏度和信噪比。
5 分辨率,传感器应具有良好而稳定的分辨率,还应低于所需监测参数的最小单位量级。
6 迟滞,传感器应具有满足监测要求且足够小的迟滞差值。
7 重复性,传感器应具有良好而稳定的重复性。
8 漂移,应严格控制传感器测量值的漂移,如漂移由温度等环境因素产生,应同时对环境因素进行监测。
9 供电方式,根据实际情况和监测要求确定不同类型的传感器的供电形式,力求供电形式灵活。
10 使用环境,应根据结构实际的环境因素选择满足使用环境温度、湿度等要求的传感器。
11 寿命,应根据结构健康监测的时间或周期选择满足使用年限的传感器,并充分考虑置换方案和时间。

6.2.4 传感器布置的总体原则:
1 测得的数据应对实际结构的静、动力参数或环境条件变化较为敏感。
2 测得的数据应能充分并准确地反映结构的静、动力特性。
3 测得的参数应能够与理论分析结果建立起对应关系。
4 能够通过合理添加传感器对感兴趣的局部进行数据重点采集。
5 宜在结构反应最不利处或已损伤处布置。
6 可合理利用结构的对称性原则,达到减少传感器的目的。
7 传感器的布置宜便于安装和更换。
8 在满足前述原则的基础上,宜减少信号的传输距离。

6.3 数据采集与传输子系统

6.3.1 采集设备的性能应与对应传感器性能匹配,并满足被测物理量的要求。

6.3.2 采集设备与传感器之间应有明确的拓扑关系,根据工程特点与现场具体条件,可以选择数据集中采集与分散采集两种模式。

6.3.3 采集设备应设置在环境适当之处,避免潮湿、静电及磁场环境,信号采集仪应有不间断电源保障。

6.3.4 数据的时间间隔应能够反映被监测的结构行为和结构状态,并满足结构健康监测数据的应用条件。传感器可以视具体情况选择相同或不同采集时间间隔。

6.3.5 同类或不同类数据,如果需要做相关分析(含模态分析),则所有相关数据须同步采集,否则,可以选择伪同步采集或异步采集。

6.3.6 系统应能正确判断异常数据是由结构状态变化引起还是监测预警系统自身异常引起,剔除由监测预警系统自身引起的异常数据。

6.3.7 监测预警系统中存储数据的单位,宜采用国际单位制。数据的时间应采用公历,最低精度为秒(s)。

6.3.8 数据采集子系统应能对采集到的数据进行预处理,使所有上传到主系统中的数据的格式和结构保持一致,并只保留系统需要的数据部分或通过预处理得到系统需要的数据形式。

6.3.9 数据通信与传输的设计应坚持因地制宜的原则,综合考虑数据通信传输距离、工程各阶段特征及工程现场地形条件、网络覆盖状况、已有的通信设施等因素,灵活选取合适的通信传输方式。

6.3.10 当数据通道发生故障而中断,在故障排除后,数据通信与传输应具有补发功能,将中断时间段内所有数据发送到接收端。

6.3.11 对于数据通信与传输的应答、重发和补发模块应设置时限,避免因应答等待、重发及补发影响正常数据发送,宜利用数据通道空闲时段完成补发数据传输。

6.4 数据分析与管理子系统

6.4.1 数据分析与管理子系统应能够接受并处理数据采集与传输子系统发送来的数据,实现数据解析、数据清洗、特征值提取、存储管理、对外数据标准化接口等功能。

6.4.2 监测预警系统应能对数据进行实时分析并产生异常报警和应急报警,异常报警时通知管理人员尽快对产生的异常进行处理,应急告警时可启动应急响应与处置流程。

6.4.3 监测预警系统应能对当前的数据进行清洗、处理,并将处理和分析的结果进行保存以便查询。

6.4.4 监测预警系统应能对历史数据进行分析,不断优化当前的分析模型,并能对有可能发生的风险进行预测,给出处理建议。

6.4.5 数据库设计应遵循数据库系统的可靠性、先进性、开放性、可扩展性、标准性和经济性的基本原则。应保证数据的共享性、数据结构的整体性、数据的安全性、数据库系统与应用系统的统一性。

6.4.6 在数据量较大时,监测预警系统宜将数据存取操作分离,并使用分布式数据库系统。

6.4.7 数据处理应能纠正或剔除异常数据,提高数据质量。

6.4.8 宜考虑设计系统自监控功能,对系统是否正常运行进行自动监控,系统异常时应能及时报警。

6.4.9 数据管理应实现数据归档、生成报告、快速显示和高效存储等管理功能。原始监测数据应定期存储、备份存档,后处理数据应保持不少于 3 个月的在线存储;统计、分析数据应专项存储。

6.4.10 数据管理应能对所有监测项目、监测点设备或指定监测项目监测点设备的监测数据及图像在限定时间段进行回放追溯。

6.4.11 数据报告报表应实现提供月报、季报、年报以及极端事件之后报告的功能;报告报表应能够导出并成为常用办公系统通用数据格式。

6.4.12 数据管理应能实现数据备份、清除以及恢复等功能,其中数据清除和恢复功能宜手工操作,其他数据备份宜具备自动调用功能。

6.5 预警与告警子系统

6.5.1 数据分析与管理子系统产生的预警或告警时,预警与告警子系统应能根据等级及时以合适的方式告知管理人员,并为处置操作提供建议,引导管理人员进行后续操作。

6.5.2 隧道本地管控系统中,预警或告警产生时系统进行告警提示的启动时间不应超过5s。预警或告警等级超过3级时,告警提示的启动时间不应超过3s。

6.5.3 预警与告警子系统宜具备去重功能,同样的预警或告警在一定时间段内(如3min)不应重复启动。

6.5.4 预警与告警子系统宜具备预警与告警处理过程中对更高级别的预警或告警进行优先处置的能力。

6.5.5 预警与告警子系统应记录预警或告警从触发到处理完成的全过程。

6.5.6 预警与告警子系统在预警或告警等级超过3级时,应能启动应急响应与处置子系统,对其进行应急处置。

6.6 前端展示子系统

6.6.1 前端展示子系统宜根据展示需要、前端硬件设备情况、综合展示效果、展示方式、易用性等因素为不同的展示终端提供不同的展示形式,包括但不仅限于浏览器、桌面程序、App、手机H5等。

6.6.2 前端展示子系统应能直观展示隧道内已接入机电设施的运行情况、传感器数据、隧道结构变化情况、隧道实时运行状况,界面布局清晰合理,符合用户使用习惯。

6.6.3 前端展示子系统应能实现高频数据的实时动态展示,采用多种方式展示数据实时变化及规律。

6.6.4 前端展示子系统应实现统计分析和查询功能,并支持结果导出。

6.6.5 在发生异常或应急报警时,前端展示子系统应能通过各种合适的手段及时、清晰地展示告警的内容,并能引导和辅助管理人员对此报警进行处置。

6.6.6 前端展示子系统应具备用户角色管理、权限控制功能,能够根据用户身份和权限配置控制其页面访问和数据访问权限。

6.6.7 前端展示子系统对设备的控制响应时间原则上不应超过3s。

6.7 应急响应与处置子系统

6.7.1 应急响应与处置子系统应能够对其他系统发出的应急报警进行及时响应,并引导和辅助管理人员对当前的应急事件进行处置。

6.7.2 应急响应与处置子系统应具备应急预案配置的功能,为不同类型的应急事件,结合当前隧道的实际应急能力制定个性化应急预案,并能在应急事件发生时,向管理人员提出执行应急预案的建议。

6.7.3 应急报警触发时,应及时通知当前管理人员和相关人员,并展示当前报警内容和隧道内的环境信息以及监控视频信息,由管理人员确定应急报警的真实性。

6.7.4 应急事件处置或应急预案执行过程中,应急响应与处置子系统应能根据预案自动对隧道内的机电设施进行联动控制,并通知相关人员。宜全程展示隧道的相关实时信息、管理人员需要进行的工作引导信息、预案执行的指令信息等,并在处置界面展示隧道内各项信息的变化。

6.7.5 应急事件处理完毕后,应对全程进行记录,并以文件、视频或结构化数据形式进行归档。

6.7.6 应急响应与处置子系统宜具备预案预演功能,可根据预案信息、对应的处治措施及执行效果,设置预案预演是否对外场设施进行实际控制。

6.8 隧道本地综合管控子系统

6.8.1 由于隧道内机电设施较多、管理较复杂,宜为单个隧道或某个区域内的隧道群建设隧道综合管控子系统,以提高管理效率和应急响应效率。

6.8.2 隧道本地综合管控子系统所包含的子系统与隧道运行监测预警系统相同,管理范围为单个隧道或某个区域内的隧道群。可根据实际的情况选用与上层监测预警系统不同的数据管理及存储方式和展示方式。

6.8.3 隧道本地综合管控子系统与上层监测预警系统之间可通过标准化的数据接口进行通信。

6.8.4 上层隧道运行监测预警系统可将隧道本地管控子系统视为一个功能较为强大的数据采集子系统,并能够同步隧道本地管控子系统的应急报警信息及应急响应和处置过程。

6.9 系统维护与安全

6.9.1 应对系统管理使用单位人员进行系统使用培训。

6.9.2 系统硬件设施日常维护应符合下列规定:
1 日常维护的主体为隧道管养单位,结合隧道日常巡查工作开展。
2 系统的日常维护对巡查路线上监测设备的表观完好性进行检查,并对巡查情况进行记录。
3 每天对数据中心 UI 界面展示的监测数据以及机房计算机设备和工控机运行状态进行检查,并进行记录。
4 对巡查中发现的问题或系统软件反馈的问题,进行及时处置或通知专业单位进行处置,并对处置结果进行记录。

6.9.3 系统硬件设施定期维护应符合下列规定:
1 定期维护主体为专业维护部门或机构,至少每半年进行一次定期维护,遇恶劣天气等可预报的应急状况发生前需对系统进行专项定向维护。
2 需对监测传感器、采集器等的表观完好性进行检查,对设备及防护罩的固定情况以及传感器、采集器与传输线路的接头紧固情况进行检查。
3 对现场采集站、数据中心内等易受灰尘影响的设备及机柜进行除尘处理。
4 对基于连通管原理设备的液位情况定期检查,补充连通管内液体至设计液位。
5 需对维护中发现的问题 24h 内快速处置。

6.9.4 软件系统维护宜分为日常检查、定期维护和应急维护。

6.9.5 软件系统日常检查应符合以下规定:
1 每周应开展不少于 1 次的日常检查。
2 日常检查内容包括各软件模块功能工作状态检查、实时数据及历史数据检查、超限数据检查确认等。
3 在系统不停机状态下进行软件日常检查,确需停机维护的,应提前告知管养单位,并尽量在夜间进行维护操作。

6.9.6 软件系统定期维护应符合以下规定：

1 每月应开展不少于 1 次的定期维护。

2 软件定期维护内容包括软件系统时间同步检查、磁盘存储空间检查及清理、数据库异地备份及软件运行日志检查等。

3 对于有配置参数修改、更正的维护操作，需应提前做好备份，并在维护完成后记录，按需向管养单位汇报。

6.9.7 软件系统应急维护应符合以下规定：

1 系统出现功能缺陷、突发故障、数据中断等情况时，或遭遇恶劣天气等可预测的应急状况发生前进行应急专项维护。

2 软件应急维护内容包括软件崩溃恢复、功能异常修复和数据异常更正等。

3 当发现软件功能故障、界面数据异常或中断、数据超限报警等情况时，及时通知软件维护单位进行处置和确认。

4 对于非软件功能、性能因素造成数据异常或中断等，联合硬件维护人员排查、修复并记录。

6.9.8 隧道本地综合管控子系统应从物理层、网络层、系统层、数据权限、数据库等方面考虑系统安全性要求。

6.9.9 系统数据中心应优先考虑管养中心机房和监控中心。机房需建立完备的物理安全保障措施，配备消防设施、防雷击和电磁干扰设备、视频安防和门禁系统，并配备恒温空调和 UPS 设备保证温湿度环境及供电要求。

6.9.10 数据中心应按照功能合理划分安全域，宜分为数据存储域、数据处理域、应用服务域和工作域，各安全域之间应能够进行有效隔离。

6.9.11 应采用防火墙技术实现核心应用层与互联网之间的安全阻断与隔离，各应用服务器应采取必要的安全防护措施以阻断木马程序、病毒的传播。

条文说明

防火墙技术能够有效隔离外部网络攻击，一般分为硬件防火墙和软件防火墙，硬件防火墙是通过硬件和软件的组合达到隔离内外部网络的目的，一般嵌入在路由器、交换机等设备中，软件防火墙一般集成在操作系统平台，通过纯软件方式实现内外网隔离。

6.9.12 各应用服务器、工作站应安装防病毒软件、安全审计系统等保证系统运行安全。

6.9.13 监测预警系统软件数据权限安全应符合以下规定：

1 软件系统设置基于角色和自定义权限的用户权限管理模块，能够通过角色或自定义权限配置实现界面权限和数据权限的授权访问。

2 系统登录具备用户密码复杂性校验功能，定期提示用户更换密码，用户密码需要进行加密存储。

3 系统内置超级管理员用户，具备密码重置及用户名单查询与导出功能；设计安全加密和分级授权策略，保证系统访问安全。

4 系统软件具备完善的日志记录功能，能够对用户登录、页面操作、配置修改、恶意攻击、系统故障等信息进行自动记录保存，能够事后统计和追查用户的访问操作。

6.9.14 应采用用户标识和鉴定、数据存取控制、视图机制、数据库审计等方式保证数据库系统安全。

6.9.15 采用云服务商公有云作为运行环境时，云服务商应按隧道数据安全管理设计要求设置安全保护措施。

6.10 标准化数据交换接口

6.10.1 系统内部子系统间、系统与外部系统间的数据交互应使用低耦合数据交互方式。

6.10.2 监测预警系统与外部系统的数据交互宜使用 RESTful API 方式，使用 JSON 数据格式进行交互。

6.10.3 对于不会对原有数据进行修改的数据交互请求（如查询列表和详细信息等），宜使用 GET 方式，对进行数据更新或者有大量信息上传的数据交互请求（如数据更新，数据删除，多条件查询，文件上传等），宜使用 POST 方式。

6.10.4 数据请求需要带有令牌或其他隐私信息时，宜存放在请求头中发送，如在请求需要进行权限鉴定的数据交互接口时，可将登录的 token 信息放入 RequestHeaders 中发送。

6.10.5 数据交互应使用统一的数据返回格式，并统一返回错误代码。数据交互返回信息宜包含错误代码、错误信息和返回数据，如返回信息可定义为：{"code":0,"message":"","data":null}，错误代码可参考本部分附录 F。

7 监测数据

7.1 一般规定

7.1.1 监测数据应客观真实、精确可靠。

7.1.2 监测数据宜采用分布式存储、大数据分析、多源数据整合等技术进行存储、管理和应用。

7.1.3 动态监测数据应建立统一的数据格式,并建立统一的数据传输标准。静态数据应编制数据字典。

7.1.4 隧道综合运行状态实时数据更新时间间隔宜小于30s/次,存储时间间隔宜小于5min/次。

7.1.5 设备实时监测数据采样频率宜小于30s/次,存储时间间隔宜小于5min/次。

7.1.6 一些日常数据变化较小的监测数据(如某些结构健康监测数据)的采样和存储频率可根据实际需要设置,且应在数据异常时可自动增加采样频率。

7.1.7 隧道本地综合管控系统应及时将隧道综合运行状态数据上传至上层平台,宜将设备实时运行数据上传至上层平台,可适当降低上报频率。

7.1.8 隧道本地综合管控系统应能自动将隧道基础数据、隧道机电设施属性数据、隧道运行数据、报警及异常数据、应急事件和应急处置数据上传到上层平台;宜将隧道实时监测数据上传至上层平台;可将隧道运行配置数据上传至上层平台,用于故障恢复。

7.1.9 隧道本地综合管控系统或数据采集子系统应将所有运行数据在本地进行缓存,隧道本地综合管控系统数据缓存时间应不小于3年,数据采集子系统数据缓存时间应不小于3个月,在与上层平台通信中断恢复时,应能将中断期间的数据重新上传。

7.1.10 隧道内视频监控记录保存时间应不小于1个月。

7.2 数据类型

7.2.1 隧道数据类型包括隧道基础数据、隧道机电设施属性数据、隧道运行配置数据、隧道实时监测数据、隧道运行数据、报警及异常数据、应急事件及应急处置数据等。详细信息见本部分附录 G。

7.2.2 隧道基础数据包括隧道基本信息和隧道结构信息。

7.2.3 隧道机电设施属性数据包括隧道机电设施基本信息和隧道机电设施的通信配置。

7.2.4 隧道运行配置数据包括隧道运行状态控制,如各个子模块自动/手动控制、设备轮询配置、应急预案配置、设备实时数据告警级别配置等。

7.2.5 隧道实时监测数据为隧道内各个机电设施包括结构健康监测传感器的实时数据。

7.2.6 隧道运行数据包括当前隧道运行状态数据和隧道历史运行数据,如车流量、电力监控数据等。

7.2.7 报警及异常数据包括设备异常数据、异常报警信息及应急报警信息。

7.2.8 应急事件及应急处置数据包括应急事件处置过程中的所有数据。

7.3 数据编码规则

7.3.1 隧道编码应在全系统内唯一,并应同河南省高速公路综合养护管理平台中的隧道编码一致。

7.3.2 隧道内防火分区编码规则宜符合以下规定:

由于隧道内防火分区编码仅用于通过编码快速区分本隧道内的防火分区,编码只需要在本隧道内具有唯一性即可。

编码结构:L(R/P/V/E/X)-XX。

第1部分1位字母代表通道类型:L-左行,R-右行,P-人行横洞,V-车行横洞,E-入口车道,X-出口车道。

第2部分 N 位字符为区域编号或代码,隧道内沿行车方向从1开始计算,横洞编号沿桩号从小到大方向从1开始计算,如洞外区域需建立防火分区,则入洞口外可使用E,出洞口外可使用X。

右行路线的防火分区代码从洞外开始可依次为:R-E,R-1,R-2,R-3,R-X。

7.3.3 隧道内机电设施及监测点编码规则宜符合以下规定：

隧道内机电设施及监测点编码以快速区分类型和位置为目标，编码只需要在本隧道内具有唯一性即可。

编码结构：L(R/P/V/E/X)-XXXX-XX[-X]。

第1部分1位字母代表通道类型，同防火分区编码。

第2部分 N 位字母为设备类型，长度可能随设备类型不同而变化，具体设备类型和代码对照表可参考本部分附录H。

第3部分 N 位数字为同类型设备沿车行方向顺序号，从1开始，横洞内设备可用桩号从低到高顺序。

第4部分 N 位数字为同组设备附属设备的子编码，可按需自行设置。

如左行通道第5台摄像机的编号可以为：L-CCTV-5。

7.4 数据处理

7.4.1 监测预警系统应能够接收并解析数据采集子系统发送的各类监测数据，并具备数据预处理、二次处理、特征值提取及数据持久化存储功能。

7.4.2 监测预警系统宜能够通过可视化界面远程进行数据处理、参数设置等。

7.4.3 宜采用大数据和数据挖掘等技术对隧道各项历史数据展开数据分析，提供辅助决策支持。

7.4.4 应明确定义处理后监测数据的数据单位、数据方向、数据精度。

7.4.5 数据处理宜采用多线程、分布式并行计算、边缘计算、NOSQL数据库等技术提升数据处理效率和存取效率，最大程度提升数据处理时效性。

8 数据分析与应用

8.1 一般规定

8.1.1 数据采集子系统获得的数据应进行先进行预处理,将数据转化为统一的格式,同类数据转化为统一的单位,提高数据分析系统的执行效率。

8.1.2 隧道本地综合管控系统应对采集到的数据进行处理,分析隧道的综合运行状况,并将分析结果上传至上层平台,宜将原始数据一起上传至上层平台。

8.1.3 隧道内机电设施实时数据的数据分析应能根据配置的报警阈值判断报警内容和报警等级,宜加入自动分析机制,分析历史数据变化,并对现有阈值的合理性评估并提出修改建议。

8.1.4 监测预警系统应具备对周期数据进行对比和分析的功能,通过对周期数据同比和环比分析,获取数据变化的规律,通过数据变化的异常发现设备技术指标的异常,或对某些事件进行预警。

8.2 数据应用

8.2.1 通过空气各项指标如温湿度、能见度、有害气体含量等的变化,指导风机开启策略。

8.2.2 通过光照强度(包括洞内外)的变化,指导照明开启策略。

8.2.3 通过视频分析、车流量分析,指导、编制或修订隧道车辆运行策略。

8.2.4 通过隧道结构健康监测数据分析,为土建养护执行策略的制定提供数据支持。

8.2.5 隧道数据分析宜引入大数据分析及数据挖掘技术,为隧道日常运行提供辅助决策支持。

8.3 资料管理

8.3.1 监测预警系统应能对隧道的基础信息、隧道机电设施基础信息、隧道运行数据、隧道异常告警信息及处置数据等进行归档。

8.3.2 监测预警系统资料应以单座隧道为单元,进行组卷、归档。

8.3.3 监测预警系统宜支持自动归档,隧道本地管控系统可根据预设的归档时限进行自动归档并上传。

8.3.4 监测预警系统宜支持任意历史时间节点或时间段内资料的手动归档。

附录 A 隧道监测仪器和传感器选用表

隧道长期监测仪器和传感器选用表见表 A-1。

表 A-1 隧道长期监测仪器和传感器选用表

监测仪器、传感器	病害特征														结构受力变形									
	裂缝位置	裂缝方向	裂缝长度	裂缝宽度	错台量	渗漏水位置	渗漏水面积	渗漏水量	渗漏水浑浊状态	pH值	水质	起层剥落位置	起层剥落面积	起层剥落深度	周边位移	拱顶下沉	洞口边墙脚沉降	隧道整体位移	洞门位移	地层水平位移	衬砌应力	路面、仰拱隆沉	水压力	围岩温度
量角器		★																						
罗盘		★																						
钢卷尺	★		★		★	★	★																	
坐标网格板												★												
千分尺				★																				
千分表				★																					
直尺			★		★																			
游标卡尺				★	★									★										
裂缝计				★																				
测缝计				★	★									★										

续上表

监测仪器、传感器	监测项目																						
	病害特征													结构受力变形									
	裂缝位置	裂缝方向	裂缝长度	裂缝宽度	错台量	渗漏水位置	渗漏水面积	渗漏水量	渗漏水浑浊状态	pH值	水质	起层剥落位置	起层剥落面积	起层剥落深度	周边位移	拱顶下沉	墙脚沉降	洞口边坡变形	隧道整体位移	洞门位移	地层水平位移	衬砌应力	路面与仰拱隆沉批	水压力	围岩温度
位移计				★																					
测宽仪				★																					
成像设备			★	★			★						★												
有刻度的容器								★	★																
流量计								★																	
pH试纸										★															
pH测定仪										★	★														
分光光度计、气相色谱仪、浊度计等																									
收敛计															★										
全站仪															★	★	★	★	★	★					
测量机器人															★	★	★	★	★	★					
水准仪																★	★						★		
静力水准仪																	★						★		
经纬仪															★			★	★	★					
激光测距仪																				★					
激光垂准仪																				★					
光学垂准仪																				★					

续上表

监测仪器、传感器	病害特征														结构受力变形										
	裂缝位置	裂缝方向	裂缝长度	裂缝宽度	错台量	渗漏水位置	渗漏水面积	渗漏水量	渗漏水浑浊状态	pH值	水质	起层剥落位置	起层剥落面积	起层剥落深度	周边位移	拱顶下沉	墙脚沉降	洞口边仰坡变形	隧道整体位移	洞门位移	地层水平位移	衬砌应力	路面与仰拱隆沉	水压力	围岩温度
倾斜仪																				★					
红外热像仪							★																		
三维激光扫描仪															★										
激光断面仪															★										
滑动式测斜仪																					★				
固定式测斜仪																					★				
分层沉降仪																		★							
多点位移计															★			★							
表面应变计																						★			
巴塞特收敛系统																							★		
GNSS																							★		
北斗卫星																			★						
水压力表																								★	
温度计																									★

注：★-在相应监测项目下宜选用的监测仪器。

附录B 监测仪器和传感器档案表

监测仪器和传感器档案表见表 B-1。

表 B-1 监测仪器和传感器档案表

工程名称：　　　　　　　　档案编号：　　　　　　　天气：
监测仪器：　　　　　　　　传感器编号：　　　　　　填表日期：　　年　　月　　日

工程部位				仪器型号	
监测项目				量程	
测点编号				出厂编号	
安装参数	断面里程		仪器参数	生产厂家	
	安装部位			精度	
	安装日期			温度修正系数	
	安装前测值			率定参数	
	安装后测值			率定公式	
	其他			其他	
埋设示意图及其他					

监测单位：　　　　　　　　安装埋设人：　　　　　　　校核人：

附录 C 监测断面与测点编号

监测断面编号可取断面里程桩号,测点编号可按图 C-1 所示规则编制。监测项目代号、测点位置代号宜分别符合表 C-1、表 C-2 的规定。

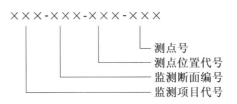

图 C-1 测点编号组成示意图

表 C-1 监测项目代号

监测项目	代 号	监测项目	代 号
衬砌裂缝	CQF	周边位移	ZBW
洞门裂缝	DMF	隧道整体位移	ZTW
渗漏水	SLS	洞门位移	DMW
衬砌起层剥落	CQB	洞口边仰坡变形	BPW
路面隆沉	LMC	衬砌应力	CQL
仰拱沉降	YGC	水压力	SYL
拱顶下沉	GDC	围岩温度	WYW
墙脚沉降	QJC		

表 C-2 测点位置代号

监测项目	代 号	监测项目	代 号
拱顶	GD	左墙脚	ZJ
左拱腰	ZY	右墙脚	YJ
右拱腰	YY	仰拱	YG

附录D 测点布置与监测装置图

裂缝宽度测点可参考图 D-1 布置。

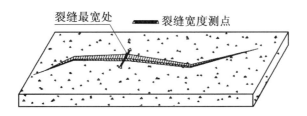

图 D-1 裂缝宽度测点布置示意图

拱顶下沉、周边位移测点可参考图 D-2 布置。

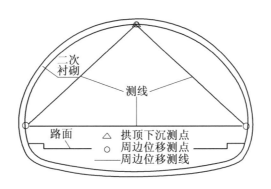

图 D-2 拱顶下沉、周边位移测点测线布置示意图

洞口边仰坡变形测点可参考图 D-3 布置。

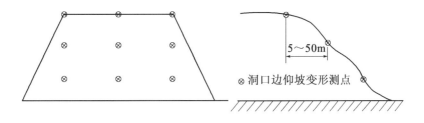

图 D-3 洞口边仰坡变形测点布置示意图

隧道整体位移测点可参考图 D-4 布置。

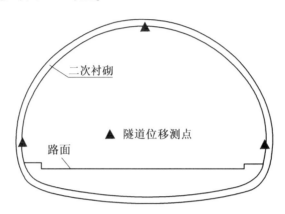

图 D-4 隧道整体位移测点布置示意图

地层水平位移测点可参考图 D-5 布置。

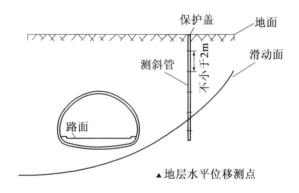

图 D-5 地层水平位移测点布置示意图

衬砌应力测点可参考图 D-6 布置。

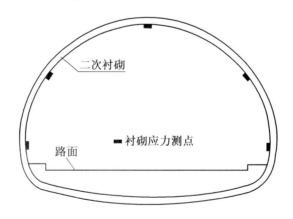

图 D-6 衬砌应力测点布置示意图

监测水压力时,钻孔装置和监测装置可参考图 D-7 布置。

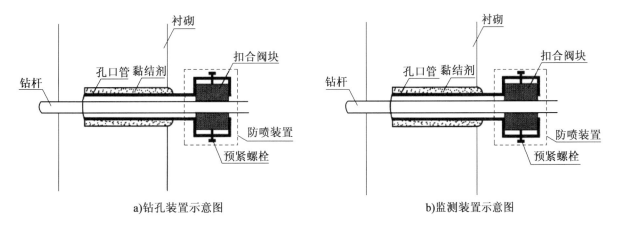

a)钻孔装置示意图　　　　　　　　　b)监测装置示意图

图 D-7　水压力监测示意图

仰拱隆沉测点可参考图 D-8 布置。

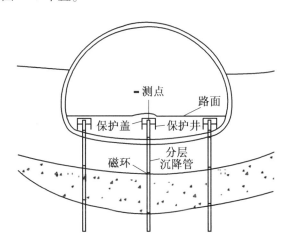

图 D-8　仰拱隆沉测点布置示意图

附录 E 监测报表

不同单项监测历史记录报表见表 E-1、表 E-2,监测历史记录统计表见表 E-3。

表 E-1 单项监测历史记录报表(结构健康监测)

隧道名称:		设备名称:		设备代码:	
桩号及位置:		初始值:		起止时间:	
监测项目:		监测类型:		参考值:	
监测时间	测量值	本次变化量	本次变化速率	累计变化量	状态

注:1. 状态为正常、异常、偏高、偏低、告警×级等。

2. 监测类型为当前监测项目所属的分类,如裂缝、渗漏水等。

表 E-2　单项监测历史记录报表（运行状态及环境）

隧道名称：		设备名称：		设备代码：
桩号：		安装位置：		起止时间：
监测项目：		监测类型：		参考值：
监测时间	测量值	变化量	变化速率	状态

注：监测类型为当前监测项目所属的分类，如空气质量、照明等，状态同表 E-1。

表 E-3　监测历史记录统计表

隧道名称：		起止时间：				
监测类型	监测项目	历史极值	历史极值位置及时间	参考值	异常次数	异常比例

注：1. 历史极值为该项目在当前起止时间段内的最大值或最小值，根据测试项目不同来确定是最大值还是最小值，向异常状态偏离，如最大值和最小值都有则可在表格内分两行同时填写。

2. 历史极值位置及时间填写设备信息、桩号位置及记录时间。

3. 异常比例为异常数据次数占当前起止时间段内所有同项目数据数的比例。

附录F API接口错误代码参考

API接口错误代码参考表见表F-1。

表 F-1 API 接口错误代码参考表

错误代码	错误名称	说明
0	正常	接口正常返回值
1	通用错误	通用返回代码,无法判断错误类型时使用此代码
2	自定义错误	带自定义错误信息的代码
3	处理失败	处理数据时发生错误,一般为接口处理过程中发生了错误
4	参数有误	传入参数有误,一般为传入参数不符合要求时使用
5	数据保存失败	保存结果时失败,一般为写数据库时发生错误时使用
6	数据结构有误	传入数据结构有误,一般为将数据进行反序列化时或对返回数据进行结构验证时发生错误
7	记录不存在	无法获取到相应的记录,ID等参数传入有误或者记录不存在
8	记录重复	记录主要信息重复,数据库中已经有相关记录
9	需要登录	需要登录,登录信息不存在或者已失效时使用
10	无权限	无操作权限,登录账户分配权限不足时使用
HTTP 错误码	HTTP 错误码	常规 HTTP 请求错误,HTTP 请求发生错误时返回
其他		根据需要自定义的错误码和错误信息

附录 G 监测数据详细信息参考

G.1 隧道基础信息

隧道基础信息见表 G-1。

表 G-1 隧道基本信息(Tunnel)

字段名称	数据类型	字段含义
隧道 ID	字符型	隧道唯一 ID,保证全局唯一,可用 GUID
隧道名称	字符型	隧道名称
隧道编码	字符型	隧道编码,可用
所在路线名称	字符型	所在路线名称,如路线单独建表则为 ID
管养单位名称	字符型	所属管养单位名称,如单位单独建表则为 ID
养护单位名称	字符型	养护单位名称,如单位单独建表则为 ID
是否单洞双向隧道	布尔型	是否为单洞双向隧道,模型绘制和管控都会参考此值
起始桩号	字符型	管控范围的起始桩号(注:非隧道出入口),格式为 km + m,如 36 + 400
结束桩号	字符型	管控范围的结束桩号(注:非隧道出入口),格式为 km + m,如 40 + 200
左行方向名称	字符型	左行方向的名称或文字描述,可自定义展示内容,如"郑州方向"
右行方向名称	字符型	右行方向的名称或文字描述,可自定义展示内容,如"尧山方向"
隧道长度	整型	隧道长度(m)
经度	浮点型	隧道所在位置经度(可根据所使用坐标系进行标准化)
纬度	浮点型	隧道所在位置纬度(可根据所使用坐标系进行标准化)

隧道结构信息——车行通道见表 G-2。

表 G-2 隧道结构信息——车行通道(TunnelChannel)

字段名称	数据类型	字段含义
通道 ID	字符型	通道唯一 ID,保证全局唯一,可用 GUID

续上表

字段名称	数据类型	字段含义
通道名称	字符型	通道名称,如果单向只有一条通道时可使用隧道对应方向名称,如"郑州方向"
所属隧道ID	字符型	所属隧道唯一ID
入口桩号	字符型	当前洞的入口桩号值,格式为km+m
出口桩号	字符型	当前洞的出口桩号值,格式为km+m
车道数	整型	当前洞的车道数
每条车道宽度	浮点型	每条车道宽度(单位:m,绘制模型使用,不考虑车道宽度不同情况)
车道两边距离	浮点型	洞内车道边沿与洞壁间的距离(单位:m,绘制模型用,不考虑两边不同的情况,默认车道居中)
通道类型	字符型	车行通道类型(左行Left/右行Right)
通道序号	整型	当前方向通道的序号,从1开始,单方向多洞时标记通道位置

隧道结构信息——横洞见表G-3。

表G-3 隧道结构信息——横洞(TunnelCross)

字段名称	数据类型	字段含义
横洞ID	字符型	横洞唯一ID,保证全局唯一,可用GUID
横洞名称	字符型	
所属隧道ID	字符型	所属隧道唯一ID
左道口桩号	字符型	横洞左侧通道相交桩号值,格式为km+m,注:单向多洞之间时车行方向左边为左,左右行通道之间时左行为左
右道口桩号	字符型	横洞右侧通道相交桩号值,判断条件类似左道口
道路数	整型	当前横洞的道路数
道路宽度	浮点型	每条道路宽度(单位:m,绘制模型使用,不考虑车道宽度不同情况)
左洞通道ID	字符型	左侧相交车行通道ID,判断条件同左道口桩号
右洞通道ID	字符型	右侧相交车行通道ID,判断条件同右道口桩号
是否车行横洞	布尔型	当前横洞是否是车行横洞

隧道结构信息——出入口通道见表G-4。

表 G-4 隧道结构信息——出入口通道(TunnelEntranceExit)

字段名称	数据类型	字段含义
通道 ID	字符型	通道唯一 ID,保证全局唯一,可用 GUID
通道名称	字符型	
所属隧道 ID	字符型	所属隧道唯一 ID
通道类型	字符型	通道类型(入口 Entrance/出口 Exit)
交汇车行通道 ID	字符型	与之交汇的车行通道 ID
车道数	整型	当前横洞的道路数
车道宽度	浮点型	每条道路宽度(单位:m,绘制模型使用,不考虑车道宽度不同情况)
交汇点桩号	字符型	与车行通道交汇点桩号(可根据绘图和管理需要进行其他字段扩展)

注:出入口通道为中途进入或驶出隧道的通道,多见于较长的城市公路隧道。

隧道结构信息——防火分区信息见表 G-5。

表 G-5 隧道结构信息——防火分区信息(TunnelArea)

字段名称	数据类型	字段含义
区域 ID	字符型	区域唯一 ID,保证全局唯一,可用 GUID
区域名称	字符型	
区域代码	字符型	可使用本部分 7.3 节方法编码
所属隧道 ID	字符型	
所属通道类型	字符型	所属通道类型(左行 Left/右行 Right/横洞 Cross/入口 Entrance/出口 Exit)
所属通道 ID	字符型	所属通道的 ID,根据通道类型不同指向不同的表
起始桩号	字符型	只适用于车行通道内的区域,格式为 km + m
结束桩号	字符型	只适用于车行通道内的区域,格式为 km + m

G.2 机电设施及监测点信息

机电设施及监测点信息见表 G-6。

表 G-6 机电设施及监测点信息(Device)

字段名称	数据类型	字段含义
设备 ID	字符型	设备唯一 ID,保证全局唯一,可用 GUID
设备名称	字符型	

续上表

字 段 名 称	数 据 类 型	字 段 含 义
设备代码	字符型	可使用本部分7.3节方法编码
所属隧道ID	字符型	
所属通道类型	字符型	所属通道类型(左行Left/右行Right/横洞Cross/入口Entrance/出口Exit)
所属通道ID	字符型	所属通道的ID,根据通道类型不同指向不同的表
所属区域ID	字符型	所属防火分区ID
桩号	字符型	设备所在位置的桩号,格式为km+m
安装位置	字符型	设备安装位置(所在道路的横向位置,垂直位置等,可根据自己需要扩展)
设备类型	字符型	可与本部分附录H对应
厂商	字符型	生产厂商
型号	字符型	产品型号
通信协议	字符型	用于判断所使用的通信协议,设备控制和实时数据轮询时使用
设备通信配置	字符型	设备通信协议配置,不同协议内容和结构不同,宜使用序列化的JSON
设备状态	字符型	当前设备状态(正常/异常/告警/故障等)
设备专用状态1	字符型	设备专有状态1,用于展示不同设备的运行状态,不同设备类型状态不同,如风机的正转/停止/反转
设备专用状态2	字符型	设备专有状态2
当前值	字符型	设备当前的状态和读值数据,可为JSON

注:可在本表或其他表配置设备通信的一些其他数据,此处不再一一列出。

G.3 隧道运行配置

隧道运行配置见表G-7。

表G-7 隧道运行配置

名 称	说 明
灯光自动控制方案	根据不同的自动控制方式(洞外光强、时序等)配置自动调光方案
灯光手动控制方案	适应不同的天气情况或特定应用场景的手动方案配置
通风系统自动控制方案	
广播任务日程安排	
可变信息标志预设方案	

续上表

名　　称	说　　明
设备轮询配置	各类型设备轮询时间间隔等
应急预案配置	
设备告警配置	设备的告警阈值、告警内容、告警级别
其他的一些控制配置	

注：这里只列出部分常用隧道运行配置相关项目，具体的配置分表和字段需自行定义。

G.4　隧道实时监测数据

隧道实时监测数据见表G-8。

表 G-8　隧道实时监测数据（DeviceData）

字段名称	数据类型	字段含义
记录ID	字符型或整型	设备数据唯一ID，可用GUID，或INT
记录时间	日期时间型	
所属隧道ID	字符型	
设备ID	字符型	
数据类型	字符型	设备实时数据类型，可参考本部分附录I
数据值	字符型	根据数据类型不同使用不同格式值
数据状态	字符型	数据值状态（正常/异常/偏低/偏高/告警）
备注	字符型	

G.5　隧道运行数据

隧道运行状态——隧道实时状态见表G-9。

表 G-9　隧道运行状态——隧道实时状态（TunnelCurrentInfo）

分组	数据类型	数目名称	字段含义
通风系统	左行风机状态	LeftFanStatus	左行风机状态，左行通道风机整体状态，按优先级，只要有一台风机是此状态时，整体状态就显示最高优先级的状态，优先级为：故障＞反转＞正转＞停止
	右行风机状态	RightFanStatus	参见左行风机状态字段含义

续上表

分　组	数据类型	数目名称	字段含义
通风系统	左行空气质量	LeftAirCondition	左行空气质量状况（优/良/中/差），根据实际情况设置每个状态的边界值
	右行空气质量	RightAirCondition	同左行
	左行风速	LeftWindSpeed	取所有传感器风速最大值，正向为正数，反向为负数
	右行风速	RightWindSpeed	同左行
	左行CO浓度	LeftCO	取所有传感器读数最大值
	右行CO浓度	RightCO	同左行
	左行能见度	LeftVI	取所有传感器读数最小值
	右行能见度	RightVI	同左行
	左行NO_2浓度	LeftNO_2	取所有传感器读书最大值
	右行NO_2浓度	RightNO_2	同左行
照明系统	左行入口过渡段灯光亮度	LeftEntranceTransition	左行入口过渡段灯光亮度(0~100)，多段时取平均值，如果为开关型则值则开为100，关为0，下同
	左行入口增强段灯光亮度	LeftEntranceEnhance	同上
	左行出口过渡段灯光亮度	LeftExitTransition	同上
	左行出口增强段灯光亮度	LeftExitEnhance	同上
	右行入口过渡段灯光亮度	RightEntranceTransition	同上
	右行入口增强段灯光亮度	RightEntranceEnhance	同上
	右行出口过渡段灯光亮度	RightExitTransistion	同上
	右行出口增强段灯光亮度	RightExitEnhance	同上
	左行洞外光强	LeftOutBrightness	左行通道洞外光强检测器读值，多洞时取最大值
	左行洞内光强	LeftInBrightness	左行通道洞内光强检测器读值，多洞时取最小值
	右行洞外光强	RightOutBrightness	右行通道洞外光强检测器读值，多洞时取最大值
	右行洞内光强	RightInBrightness	右行通道洞内光强检测器读值，多洞时取最小值

续上表

分　组	数据类型	数目名称	字段含义
可变信息标志	左行可变信息标志内容	LeftInfoBoard	多个可变信息标志时如果内容不同取离洞口最近的洞外可变信息标志
	左行限速标志限速值	LeftSpeedLimit	多个限速标志时取最小值，-1表示无
	右可变信息标志内容	RightInfoBoard	同左行
	右行限速标志限速值	RightSpeedLimit	同左行
引导系统	中间卷帘门状态	CenterRollingGateStatus	左右行通道中间的所有卷帘门的综合状态，多个卷帘门时，状态优先级为：开启>半开>关闭
	每个通道的引导标志信息	Channels	每条通道一条记录，(以通道 ID 为 key 的字典) Dictionary < channel_id, TCIGuideChannel >，TCIGuideChannel 结构见本部分表 G-10
通行状态	左行通行状态	LeftTraffic	畅通/轻度拥堵/中度拥堵/严重拥堵
	右行通行状态	RightTraffic	同上
供配电	左行瞬时电流	LeftCurrent	单位：A，如果只有总电流时，可使用总电流的一半
	右行瞬时电流	RightCurrent	同左行
	左行电压	LeftVoltage	单位：V，如果只有总电压时，可等同总电压
	右行电压	RightVoltage	同左行
	左行功率	LeftPower	单位：kW，如果只有总功率时，可使用总功率的一半
	右行功率	RightPower	同左行
车流量	左行日总车流量	LeftFlowTotal	左行通道每日从 0 点开始计算的总车流量
	右行日总车流量	RightFlowTotal	右行通道每日从 0 点开始计算的总车流量
	左行平均速度	LeftSpeed	当前左行通道车辆平均速度(km/h)
	右行平均速度	RightSpeed	当前右行通道车辆平均速度(km/h)
	左行瞬时车流量	LeftFlowCurrent	单位：辆/min
	右行瞬时车流量	RightFlowCurrent	单位：辆/min
	左行洞内车辆数	LeftInside	无此数值可填入-1，通过上报时间较小车检器获取入洞口和出洞口的车流量计算或根据洞内视频分析计算
	右行洞内车辆数	RightInside	同左行

续上表

分　　组	数据类型	数目名称	字 段 含 义
设备统计	设备完好率	DevicePerfectnessPercent	总体设备完好率(%)
	设备分组完好率	DeviceGroups	每个设备分组一条记录,(以分组名称为 key 的字典) Dictionary < device_group, DeviceGroupStatistics >, DeviceGroupStatistics 结构见本部分表 G-11

注:当前列出各个组数据类型,存储格式可自定义。

隧道运行状态——隧道车行通道引导信息见表 G-10。

表 G-10　隧道运行状态——隧道车行通道引导信息(TCIGuideChannel)

数 据 类 型	数目名称	说　　明
交通信号灯状态	TrafficLigtStatus	交通信号灯状态,多个交通信号灯时,使用离洞口最近的洞外交通灯状态
卷帘门状态	RollingGateStatus	以当前通道作为左侧通道的横洞内的卷帘门的综合状态,多个卷帘门时,状态优先级为:开启 > 半开 > 关闭
每个车道的车道指示标志状态	RoadIndicatorStatus	每条车道一条记录,(以车道序号为 key 的字典) Dictionary < road_index, RoadIndicatorStatus >,每条车道一个状态,多个车道指示标志时显示优先级为:左行 > 右行 > 反向 > 禁行 > 正向

注:车道序号为车行方向左侧从 1 开始顺序加,每个车行通道单独计算。

隧道运行状态——隧道设备分组统计信息见表 G-11。

表 G-11　隧道运行状态——隧道设备分组统计信息(DeviceGroupStatistics)

数 据 类 型	数目名称	说　　明
设备组名称	GroupName	设备组可按 H12 设备分组执行
设备组代码	GroupCode	
设备总数	TotalCount	属于当前设备组的设备总数
可用设备数	AvailableCount	属于当前设备组的可用(设备状态正常)设备数

隧道运行状态——车流量见表 G-12。

表 G-12　隧道运行状态——车流量(VehicleFlow)

字段名称	数据类型	字 段 含 义
记录 ID	字符型或整型	记录 ID,可用 GUID 或 INT
所属隧道 ID	字符型	
通道类型	字符型	所属通道类型(左行 Left/右行 Right/横洞 Cross/入口 Entrance/出口 Exit)

续上表

字段名称	数据类型	字段含义
通道 ID	字符型	所属通道的 ID,根据通道类型不同指向不同的表
车道序号	整型	车道序号为车行方向左侧从 1 开始顺序加,每个车行通道单独计算
开始记录时间	日期时间型	此次车流量统计的开始时间
结束记录时间	日期时间型	此次车流量统计的结束时间
总车流量	整型	本时间段内的总车流量
平均车速	浮点型	单位:km/h
占空比	浮点型	当前车道本时间段内占空比
车型 0 车流量	整型	未知车型的车流量
车型 1 车流量	整型	车型 1(小客车/小型车)车流量,根据车检器类型
车型 2 车流量	整型	车型 2(客车/中型车)车流量,根据车检器类型
车型 3 车流量	整型	车型 3(货车/大型车)车流量,根据车检器类型
车型 4 车流量	整型	车型 4(危化品运输车/NaN)车流量,根据车检器类型
车型 5 车流量	整型	车型 5(特种车/NaN)车流量,根据车检器类型
车检器所在位置	字符型	车检器位置(入口处/出口处/洞内),用于判断是否计入隧道总车流量和对洞内车辆数量计算,隧道总车流量可任选入口和出口车检器
设备 ID	字符型	车检器的唯一 ID

隧道运行状态——日总车流量见表 G-13。

表 G-13 隧道运行状态——日总车流量(VehicleFlowDaily)

字段名称	数据类型	字段含义
记录 ID	字符型或整型	记录 ID,可用 GUID 或 INT
所属隧道 ID	字符型	
记录日期	日期时间型	
总车流量	整型	记录日期当天总车流量
左行车流量	整型	
右行车流量	整型	
车型 0 车流量	整型	未知车型的车流量
车型 1 车流量	整型	车型 1(小客车/小型车)车流量,根据车检器类型

续上表

字段名称	数据类型	字段含义
车型2车流量	整型	车型2(客车/中型车)车流量,根据车检器类型
车型3车流量	整型	车型3(货车/大型车)车流量,根据车检器类型
车型4车流量	整型	车型4(危化品运输车/NaN)车流量,根据车检器类型
车型5车流量	整型	车型5(特种车/NaN)车流量,根据车检器类型

隧道运行状态——电力系统实时记录见表G-14。

表G-14 隧道运行状态——电力系统实时记录(ElectricRecord)

字段名称	数据类型	字段含义
记录ID	字符型或整型	记录ID,可用GUID或INT
所属隧道ID	字符型	
记录时间	日期时间型	
位置	字符型	多个配电室时用于区分,可填配电室名称或代号
实时功率	浮点型	单位:kW
电流	浮点型	单位:A
电压	浮点型	单位:V
发电机状态	字符型	当前发电机状态(开启/关闭)
发电机油位	浮点型	
配电室温度	浮点型	单位:℃
配电室湿度	浮点型	单位:%
控制室温度	浮点型	单位:℃
控制室湿度	浮点型	单位:%

隧道运行状态——日电力消耗见表G-15。

表G-15 隧道运行状态——日电力消耗(ElectricDaily)

字段名称	数据类型	字段含义
记录ID	字符型或整型	记录ID,可用GUID或INT
所属隧道ID	字符型	
记录日期	日期时间型	
记录值	浮点型	日总功耗,单位:kW

隧道运行状态——历史控制记录见表G-16。

表G-16 隧道运行状态——历史控制记录(CommandRecord)

字 段 名 称	数 据 类 型	字 段 含 义
记录ID	字符型或整型	记录ID,可用GUID或INT
所属隧道ID	字符型	
记录日期	日期时间型	
设备ID	字符型	
设备信息	字符型	设备的主要信息、冗余字段,可根据需要是否使用
指令内容	字符型	执行的质量内容
指令类型	字符型	执行的指令类型,可根据需要定义,如手动控制、自动控制、道路控制、预案等
备注	字符型	
指令结果	字符型	指令操作结果,指令执行后返回的信息
指令结果状态	字符型	指令执行结果状态,成功、失败、正在执行等
操作员信息	字符型	可根据自己需要安排此字段或拆分多字段
相关预案记录ID	字符型	相关执行预案记录ID,如此指令是在预案执行过程中自动执行,填写此ID
客户端ID	字符型	一般用于手动控制,点击执行此指令的客户端ID
参数	字符型	指令执行参数

隧道运行状态——设备完好率记录见表G-17。

表G-17 隧道运行状态——设备完好率记录(DevicePerfectnessRecord)

字 段 名 称	数 据 类 型	字 段 含 义
记录ID	字符型或整型	记录ID,可用GUID或INT
所属隧道ID	字符型	
记录日期	日期时间型	
完好率	浮点型	

综合控制(主动预案)历史记录见表G-18。

表 G-18 综合控制(主动预案)历史记录(InitiativePlanRecord)

字 段 名 称	数 据 类 型	字 段 含 义
记录 ID	字符型或整型	记录 ID,可用 GUID 或 INT
所属隧道 ID	字符型	
操作人信息	字符型	操作员信息,可根据自己需要定义
客户端 ID	字符型	执行广播(喊话)操作的客户端 ID
预案类型	字符型	包括道路控制、疏散、灯光手动控制等
参数	字符型	控制指令参数
记录时间	日期时间型	
状态	字符型	成功、失败等

隧道运行状态——广播(喊话)历史记录见表 G-19。

表 G-19 隧道运行状态——广播(喊话)历史记录(BroadcastRecord)

字 段 名 称	数 据 类 型	字 段 含 义
记录 ID	字符型或整型	记录 ID,可用 GUID 或 INT
所属隧道 ID	字符型	
操作人信息	字符型	操作员信息,可根据自己需要定义
客户端 ID	字符型	执行广播(喊话)操作的客户端 ID
开始时间	日期时间型	
接听时间	日期时间型	如果是单点呼入或呼出时记录开始通话的时间
结束时间	日期时间型	
记录类型	字符型	记录类型,包括广播、喊话、呼入、呼出等
源话机 ID	字符型	
目标话机 ID	字符型	多个话机时用逗号隔开
目标区域 ID	字符型	多个区域时用逗号隔开
备注	字符型	

G.6 报警及异常

设备异常记录见表 G-20。

表 G-20　设备异常记录（DeviceAbnormalRecord）

字 段 名 称	数 据 类 型	字 段 含 义
记录 ID	字符型或整型	记录 ID,可用 GUID 或 INT
所属隧道 ID	字符型	
设备 ID	字符型	
设备信息	字符型	设备主要信息,冗余字段,可自行决定是否使用
异常类型	字符型	可根据需要定义
异常详情	字符型	
处理状态	字符型	未处理、处理中、已处理等
处理方法	字符型	
处理完成时间	日期时间型	
处理人信息	字符型	
备注	字符型	

告警记录见表 G-21。

表 G-21　告警记录（Alarm）

字 段 名 称	数 据 类 型	字 段 含 义
记录 ID	字符型或整型	记录 ID,可用 GUID 或 INT
所属隧道 ID	字符型	
通道类型	字符型	告警发生位置所在通道类型（左行 Left/右行 Right/横洞 Cross/入口 Entrance/出口 Exit）
通道 ID	字符型	告警发生位置所在通道的 ID,根据通道类型不同指向不同的表
桩号	字符型	告警发生位置桩号
防火分区 ID	字符型	所属防火分区 ID
设备 ID	字符型	告警设备 ID
告警数据信息	字符型	告警相关数据信息,包括设备的通信配置和设备当前读值
告警来源	字符型	自定义,如视频事件、火警等
告警类型	字符型	自定义,如火警、空气质量超标、交通拥堵等
告警等级	整型	1～5 级,视告警严重程度和需要进行的处理方案,1 级只提示,不需要操作;2 级为简单操作或自动联动确认;3 级以上为应急处置

续上表

字 段 名 称	数 据 类 型	字 段 含 义
告警内容	字符型	告警详细内容
告警时间	日期时间型	接收到告警信号的时间
告警所在道路	字符型	告警发生的道路,车行方向左侧起为1,如果占用多条道路用逗号隔开
告警处理等级	整型	处理告警时确认后的告警等级
开始处理时间	日期时间型	开始处理告警时间
告警处理状态	字符型	未处理、处理中、已处理
告警处理方式	字符型	误报、人工处理、预案处理
处理结束时间	日期时间型	告警处理完成时间
备注	字符型	
客户端 ID	字符型	执行告警处理的客户端 ID
是否演示	布尔型	是否演示用告警,值为 true 时表示用于预演
是否执行指令	布尔型	处理告警(执行预案)时是否执行指令,值为 false 时表示在进行预案执行时不真正执行设备指令,为纯桌面预演

告警处理记录见表 G-22。

表 G-22 告警处理记录(AlarmHandle)

字 段 名 称	数 据 类 型	字 段 含 义
记录 ID	字符型或整型	记录 ID,可用 GUID 或 INT
告警记录 ID	字符型	
告警处理等级	整型	处理告警时确认后的告警等级
告警处理方式	字符型	误报、人工处理、预案处理
告警处理开始时间	字符型	
告警处理结束时间	字符型	
告警处理人信息	字符型	可自定义处理人内容格式或字段拆分
处理内容	字符型	人工处理或误报使用
执行预案 ID	字符型	如果此次告警处理执行了应急预案,填写应急预案 ID
备注	字符型	人工处理时填写
过程记录内容字段		

G.7 应急事件及应急处置

应急预案执行记录见表 G-23。

表 G-23 应急预案执行记录（EmergencyPlanRecord）

字 段 名 称	数 据 类 型	字 段 含 义
记录 ID	字符型或整型	记录 ID，可用 GUID 或 INT
预案 ID	字符型	
告警记录 ID	字符型	
隧道 ID	字符型	
告警处理方式	字符型	误报、人工处理、预案处理
开始执行时间	字符型	
结束执行时间	字符型	
处理人信息	字符型	可自定义处理人内容格式或字段拆分
是否预演	布尔型	当前预案执行记录是否为预演
是否执行指令	字符型	当前预案的执行是否真正执行设备指令，不执行表示为纯桌面预演
报告文件 URL	字符型	报告文件保存地址（或文件 ID）
执行过程记录 URL	字符型	执行过程记录文件保存地址（或文件 ID）

附录 H 设备类型及编码参考

设备类型见表 H-1。

表 H-1 设备类型（DeviceType）

设备简码	设备类型名称	设备英文名
LCU	本地控制单元	Local Control Unit
PLC	可编程逻辑控制器	Programmable Logic Controller
ACC	区域控制中心	Area Control Center
DB	配电箱	Distribution Box
UPS	不间断电源	Uninterruptible Power Supply
GEN	发电机	Generator
PC	配电柜	Power Cabinet
LC	无极调光控制器	Light Controller
AQS	空气质量检测器	Air Quality Sensor
WS	风速风向检测器	Wind Sensor
DF	风机	Draught Fan
BS	光强检测器（包括照度和亮度）	Brightness Sensor
LI	灯光	Light
TL	交通信号灯	Traffic Light
RI	车道指示标志	Road Indicator
RG	卷帘门	Rolling Gate
WCI	人行横通道标志	Work Cross Indicator
DCI	车行横通道标志	Drive Cross Indicator
ESI	紧急停车带标志	Emergency Stop Indicator
CCTV	摄像机（闭路电视监控系统）	Closed Circuit Television
IB	可变信息标志	Information Board

续上表

设备简码	设备类型名称	设备英文名
SL	限速标志	Speed Limit
VS	车辆检测器	Vehicle Sensor
PH	电话(或扬声器终端)	Phone
BR	广播电话服务器	Broadcast Server
OF	感温光纤	Optical Fiber
FC	消防主机	Fire Control
THS	温湿度传感器	Temperature Humidity Sensor
SS	烟雾传感器	Smoke Sensor
WES	气象传感器	Weather Sensor

机电设施分类见表 H-2。

表 H-2　机电设施分类（DeviceGroup）

分类代码	设施名称	设备名称	关键设施(接入监测预警系统内)
PS	供配电设施	配变电所内电力设备、箱式变电站、外场配电箱、插座箱、控制箱等	电力监控系统(包括 UPS/EPS 电源)，备用自发电设备
LE	照明设施	隧道灯具、洞外路灯	洞内照明各段控制回路，洞外路灯控制回路
AQ	通风设施	风机	风机
FC	消防设施	消火栓及水泵接合器、灭火器、火灾报警设施、水喷雾控制阀及喷头、气体灭火设施、电光标志等	感温光纤、消防报警主机、灭火设施等
MC	监控与通信设施	各类检测仪、闭路电视、有线广播、紧急电话、横通道门、交通控制和诱导设施、控制器(箱)、光端机、交换机等	各类传感器、闭路电视、广播系统、可编程控制器、交通控制和诱导设施、网络设备等

附录Ⅰ 设备数据类型及编码参考

设备数据类型及编码参考见表I-1。

表 I-1 设备数据类型及编码参考

类型简码	数据类型中文	设 备 类 型	说 明
CO	一氧化碳	CO	单位:$\times 10^{-6}$
VI	能见度	VI	单位:m
NO_2	二氧化氮	NO_2	单位:$\times 10^{-6}$
NO	一氧化氮	NO	单位:$\times 10^{-6}$
TEM	温度	Temperature	单位:℃
HUM	湿度	Humidity	单位:%
BRI	亮度(光强)	Brightness	洞外和洞内不同,单位洞外:cd/m^2,洞内:lux
WS	风速	WindSpeed	单位:m/s
WD	风向	WindDirection	正向/反向
VOL	电压	Voltage	单位:V
CUR	电流	Current	单位:A
POW	功率	Power	单位:kW
VS	车速	VehicleSpeed	单位:km/h
AVF	瞬时平均车流量	AverageVehicleFlow	单位:辆/min
DR	占空比	DutyRatio	单位:%

参考文献

[1] 全国智能运输系统标准化技术委员会.道路交通管理数据字典 交通网络:GB/T 29097—2012[S].北京:中国质量标准出版社,2012.

[2] 全国交通工程设施(公路)标准化技术委员会(SAC/TC 223).高速公路监控设施通信规程:GB/T 34428—2017[S].北京:中国质检出版社,2017.

[3] 中交第二公路线勘察设计研究院有限公司.公路隧道设计规范 第二册 交通工程与附属设施:JTG D70/2—2014[S].北京:人民交通出版社股份有限公司,2014.

[4] 重庆市交通委员会.公路隧道养护技术规范:JTG H12—2015[S].北京:人民交通出版社股份有限公司,2015.

[5] 雅各布·弗雷登.现代传感器手册原理、设计及应用[M].宋萍,等,译.北京:机械工业出版社,2019.

[6] 同济大学.在役公路隧道长期监测技术指南:T/CHTS 10021—2020[S].北京:人民交通出版社股份有限公司,2020.

河南省高速公路重点桥隧和高边坡预警监测系统建设技术指南

第三册 高边坡预警监测系统

河南省高速公路联网管理中心
河南省交通规划设计研究院股份有限公司 编著
河南高速公路试验检测有限公司

人民交通出版社股份有限公司
北京

内 容 提 要

本书介绍了河南省高速公路重点桥隧和高边坡预警监测系统的建设、维护和应用要求,规定了河南省高速公路重要关键设施结构安全和运行状况监测的内容、方法、数据标准和系统的设计、维护和应用要求,对指导各单系统建设、运维、监测数据应用并实现与省级系统数据互联互通具有一定的指导意义。

本书可供从事公路桥梁结构监测、隧道运行监测和高边坡自动化监测系统设计、施工、维护及养护工作的管理人员使用。

图书在版编目(CIP)数据

河南省高速公路重点桥隧和高边坡预警监测系统建设技术指南 / 河南省高速公路联网管理中心, 河南省交通规划设计研究院股份有限公司, 河南高速公路试验检测有限公司编著. — 北京: 人民交通出版社股份有限公司, 2023.7

ISBN 978-7-114-18833-6

Ⅰ.①河… Ⅱ.①河…②河…③河… Ⅲ.①高速公路—公路桥—桥梁工程—安全监控—指南②高速公路—公路隧道—隧道工程—安全监控—指南③高速公路—边坡—道路工程—安全监控—指南 Ⅳ.①U448.14-62 ②U459.2-62③U418.5-62

中国国家版本馆 CIP 数据核字(2023)第 103315 号

Henan Sheng Gaosu Gonglu Zhongdian Qiaosui he Gaobianpo Yujing Jiance Xitong Jianshe Jishu Zhinan

书　　名	河南省高速公路重点桥隧和高边坡预警监测系统建设技术指南　第三册　高边坡预警监测系统
著 作 者	河南省高速公路联网管理中心 河南省交通规划设计研究院股份有限公司 河南高速公路试验检测有限公司
责任编辑	潘艳霞
责任校对	赵媛媛　龙　雪
责任印制	刘高彤
出版发行	人民交通出版社股份有限公司
地　　址	(100011)北京市朝阳区安定门外外馆斜街 3 号
网　　址	http://www.ccpcl.com.cn
销售电话	(010)59757973
总 经 销	人民交通出版社股份有限公司发行部
经　　销	各地新华书店
印　　刷	北京市密东印刷有限公司
开　　本	880×1230　1/16
总 印 张	14.75
总 字 数	319 千
版　　次	2023 年 7 月　第 1 版
印　　次	2023 年 7 月　第 1 次印刷
书　　号	ISBN 978-7-114-18833-6
总 定 价	120.00 元(第一、二、三册)

(有印刷、装订质量问题的图书,由本公司负责调换)

第三册编写委员会

主　　编：张建龙

副 主 编：束景晓　王笑风　冀孟恩

参编人员：黄　辉　靳海霞　杨　博　张　刚　王韶鹏　侯　坤
　　　　　　范永亮　李　帅　傅　磊　侯明业　李　俊　樊祥磊
　　　　　　郑　莉　杨占东　崔小艳　梁柯峰　化高伟　史　岩
　　　　　　刘砚杰　石帅峰　王红磊　徐青杰　张　沙　徐　可
　　　　　　曹雪芹　毛海臻　黄亚飞　常亚杰　郭　丹　魏　华
　　　　　　杨传嵩　李　珊　尹　磊　吕青青　王　琦　王　锋

前　言

为提升高速公路长大桥隧、高边坡等重要关键设施结构监测和安全保障能力，交通运输部相继印发了《"十四五"公路养护管理发展纲要》《交通运输领域新型基础设施建设行动方案(2021—2025)》《公路长大桥梁结构健康监测系统建设实施方案》等系列文件，文件明确提出研究建立桥隧基础设施结构安全和运行状况监测体系，增强对公路重要关键设施的结构病害及周边环境风险等的监测预(报)警和应急处置能力。为满足这一新形势要求，河南省高速公路联网管理中心组织河南省交通规划设计研究院股份有限公司、河南高速公路试验检测有限公司等单位，编写《河南省高速公路重点桥隧和高边坡预警监测系统建设技术指南》(以下简称《指南》)，以规范指导河南省高速公路重点桥隧和高边坡预警监测系统的建设工作，旨在统一数据标准和接口标准，便于不同层级系统之间互联互通、成网运行。

《指南》是充分吸纳了国内外的最新研究成果，广泛征求了监测系统建设、研究、设计、施工、运维及传感器研发、生产等从业人员意见建议，并结合河南省高速公路养护管理实际情况编写完成的。《指南》分为桥梁结构监测系统、隧道预警监测系统和高边坡预警监测系统3个分册。第一册桥梁结构监测系统包括9章和5个附录，系统规定了桥梁结构监测系统的监测内容、方法、数据标准和系统的设计、维护和应用要求；第二册隧道预警监测系统包括8章和9个附录，规定了隧道综合运行状态、机电设施运行状态和重要土建结构健康状态监测的内容、方法、数据标准和系统的设计、维护和应用要求；第三册高边坡预警监测系统包括9章和8个附录，分别对高边坡监测系统的监测内容、方法、数据标准、数据采集传输和储存、数据分析与应用作了详细规定。

由于编者水平有限，书中内容难免有不足和疏漏之处，敬请读者在实践中加以修改完善，并提出宝贵的批评意见。

编　者
2023 年 3 月

目 录

1 总则 ··· 1
2 术语 ··· 2
3 基本规定 ··· 3
4 监测内容 ··· 5
   4.1 一般规定 ·· 5
   4.2 监测等级 ·· 5
   4.3 监测方案 ·· 7
   4.4 监测内容 ·· 7
   4.5 测点布设 ·· 9
   4.6 监测频率 ·· 11
5 监测方法 ··· 12
   5.1 一般规定 ·· 12
   5.2 变形监测 ·· 12
   5.3 应力监测 ·· 13
   5.4 地下水监测 ·· 13
   5.5 降雨量监测 ·· 13
   5.6 图像与视频监测 ·· 14
6 监测系统 ··· 15
   6.1 一般规定 ·· 15
   6.2 系统设计 ·· 15
   6.3 系统实施 ·· 17
   6.4 系统交付 ·· 20
   6.5 系统维护 ·· 21
   6.6 系统安全 ·· 22
7 数据标准 ··· 24
   7.1 一般规定 ·· 24

	7.2 数据编码	24
	7.3 数据处理	26
	7.4 数据管理	26

8 数据采集、传输与储存 ... 28
   8.1 一般规定 ... 28
   8.2 数据采集 ... 28
   8.3 数据传输 ... 29
   8.4 数据储存 ... 29

9 数据分析与应用 ... 31
   9.1 一般规定 ... 31
   9.2 数据分析 ... 31
   9.3 监测预警 ... 32
   9.4 监测报告 ... 34
   9.5 信息推送 ... 34

附录 A 高边坡监测范围示意图 ... 36

附录 B 高边坡自动化监测设计方案编制大纲 ... 37

附录 C 高边坡监测网形布设 ... 38

附录 D 高边坡监测系统数据字典定义 ... 40

附录 E 监测项基本信息定义表 ... 45

附录 F 实时数据传输协议 ... 46
   F.1 通用报文协议编码 ... 46
   F.2 GNSS 报文协议编码 ... 47

附录 G 监测报告编制提纲 ... 49
   G.1 监测月报提纲 ... 49
   G.2 监测年报提纲 ... 49
   G.3 监测专报提纲 ... 50

附录 H 监测工作总结报告提纲 ... 51
   H.1 正文 ... 51
   H.2 附图、附表 ... 51

参考文献 ... 53

1 总则

1.0.1 为提升我省高速公路运营安全水平,实时掌握我省高速公路高边坡结构设施运行状态,指导和规范高速公路高边坡监测系统的建设、维护和应用,制定本指南。

1.0.2 本指南适用于河南省高速公路的高边坡预警监测,包含系统新建和改造升级。高速公路边坡和滑坡监测均可参考使用。

1.0.3 高速公路高边坡预警监测应贯彻国家有关技术经济政策,积极稳妥地采用新技术、新方法、新仪器。

1.0.4 高速公路高边坡预警监测除应满足本部分的要求外,尚应符合国家及行业现行相关标准规范的规定。

2 术语

2.0.1

变形监测 deformation monitoring

对地表及地表以下一定深度范围内的边坡岩土体与附属建(构)筑物的位移、沉降、隆起、倾斜、裂缝等微观、宏观现象,在一定时期内进行周期性的或实时的监测,并进行变形分析的过程。

2.0.2

位移监测 horizontal displacement monitoring

测量监测对象位置随时间的变化量,并结合相关影响因素进行变形分析的工作,包括水平位移监测和垂直位移监测。

2.0.3

裂缝监测 crack monitoring

对高边坡及影响范围内岩土体及附属建(构)筑物出现裂缝的宽度、长度、走向(有条件时含深度)及其变化等进行的测量。

2.0.4

应力监测 stress monitoring

在高边坡岩土体及支挡结构内埋设应力计,获取其应力变化的量测工作。

2.0.5

地下水监测 ground water monitoring

为查明地下水水位高程和孔隙水压力的变化而进行的监测工作。

3 基本规定

3.0.1 高速公路高边坡符合下列条件之一时，宜采用自动化监测系统开展长期监测：
  1 岩性特殊边坡及重大边坡；
  2 监测点所在部位采用人工方式进行观测较困难的边坡；
  3 处于无人值守的边坡监测区域；
  4 有特殊监测要求的边坡。

3.0.2 自动化监测主要工作程序包括以下内容：
  1 现场踏勘、收集资料；
  2 自动化监测方案设计及审批；
  3 安装、调试传感器及数据采集与传输系统；
  4 监测数据处理、分析与信息反馈发布。

3.0.3 监测系统应包含岩土体地表变形、深层位移变形、地下水动态、雨量观测，宜包含结构物变形、锚杆(索)应力诸项目监测数据的采集、处理、分析、评估和报警。有条件时，可设置现场视频监控，实时监控高边坡现场状态。

3.0.4 监测系统应依据养护管理应用需求，结合坡体受力特性、破坏模式和环境荷载等因素，选择重要监测内容和关键监测测点，体现代表性，突出实效性，注重经济性。

3.0.5 监测系统应稳定可靠、数据精确、分析准确，能够动态掌握高边坡结构运行状况，提升高边坡应急处置和安全保障能力。

3.0.6 高边坡监测系统新建和改造升级应进行方案设计，编制施工组织设计，系统改造升级优先选用既有条件和设备设施。

3.0.7 监测系统建设应不影响高边坡本体结构的安全性和耐久性。

3.0.8 监测系统应制定安全保护措施，可按照《信息安全技术网络安全等级保护基本要求》(GB/T

22239）进行系统等级保护定级、备案、建设、测评和保护。

3.0.9 监测系统验收交付应满足设计文件的技术和功能要求。

3.0.10 监测系统应制定运行维护管理制度，编制年度维护计划，按计划维护与定期升级。

3.0.11 监测系统应对异常状况进行报警，分析监测数据，评估高边坡结构状态及变化。

4 监测内容

4.1 一般规定

4.1.1 高速公路高边坡监测应根据监测等级开展工作,监测等级划分应符合本部分4.2.1条的规定。

4.1.2 高边坡监测范围应按本部分附录A确定。

4.1.3 监测内容包含应测项目、选测项目。应测项目无施工条件的,经分析论证,可根据实际情况调整监测内容,但应在具备条件后补充相关测项。

4.1.4 根据养护管理需要,可对高边坡临近建(构)筑物、地下管线等周边设施运行状态进行监测,可将该类数据接入监测系统,包括建(构)筑物形变、裂缝、倾斜状态及地下管线位移等数据。

4.1.5 监测内容包括地表变形、深层位移变形、地下水动态、降雨量、结构物变形、锚杆(索)应力、视频监控,应根据不同的监测对象、监测目的和养护管理需求等因素综合确定。

4.2 监测等级

4.2.1 高速公路高边坡监测等级应按表4-1划分。

表4-1 高速公路高边坡监测等级

边坡监测等级	边坡安全等级	周边环境风险等级
一级	一级	一级、二级、三级
	二级	一级
二级	二级	二级、三级
	三级	一级
三级	三级	三级

4.2.2 高速公路高边坡安全等级应按表4-2划分。

表4-2 高速公路高边坡安全等级

边坡类型		边坡高度 $H(\mathrm{m})$	地质条件复杂程度	安 全 等 级
挖方边坡	岩质边坡	$H \geq 40$	复杂、一般、简单	一级
		$30 \leq H < 40$	复杂	一级
			一般或简单	二级
	土质边坡	$H \geq 30$	复杂、一般、简单	一级
		$20 \leq H < 30$	复杂	一级
			一般或简单	二级
填方边坡		$H \geq 20$	—	一级

注：1. 位于滑坡、崩塌、泥石流等不良地质路段的公路边坡，安全等级应提高一级。

2. 处于欠稳定状态、不稳定状态的公路边坡和营运期的公路边坡，安全等级应提高一级。

3. 位于膨胀土、高液限土、软土等特殊岩土路段的公路边坡，安全等级应提高一级。

4.2.3 挖方边坡地质条件复杂程度应根据地形坡度、地层岩性、坡体结构、地下水及地质灾害发育程度，按表4-3划分。

表4-3 挖方边坡地质条件复杂程度划分

地质要素	地质条件复杂程度		
	复杂	一般	简单
地形坡比 $\Delta\alpha$	边坡超过所在自然斜坡比拟坡度值 $\Delta\alpha \geq 10°$	边坡超过所在自然斜坡比拟坡度值 $5° \leq \Delta\alpha < 10°$	边坡超过所在自然斜坡比拟坡度值 $\Delta\alpha < 5°$
地层岩性	坡脚以上地层岩性为残积土、全风化基岩、易滑及软弱地层	坡脚以上地层岩性为强风化基岩	坡脚以上地层岩性为中风化、弱风化基岩
坡体结构	坡体中存在顺坡向缓倾结构面或组合体	坡体中存在其他方向结构面，且贯通和发育	坡体中存在其他方向结构面，不贯通，不发育
水文地质	边坡中下部 $0.5H$ 范围内有地下水出露	边坡中上部 $(0.5 \sim 0.75)H$ 范围内有地下水出露	边坡上部 $(0.75 \sim 1.0)H$ 范围内有地下水出露
地质灾害	边坡所在区域泥石流、崩塌、滑坡等地质灾害多发	边坡所在区域泥石流、崩塌、滑坡等地质灾害偶发	边坡所在区域泥石流、崩塌、滑坡等地质灾害很少

注：1. H 为挖方边坡开挖面垂直高度。

2. 易滑及软弱地层是指煤系地层岩组、泥质岩岩组（泥质粉砂岩、砂质泥岩、泥岩、泥灰岩、页岩等）、残积层、第四系重力堆积层，基岩是指除去"易滑及软弱地层"的基岩。

3. 缓倾结构面是指结构面的倾角小于挖方边坡角。

4. 边坡所在区过去10年内最大日降雨量或一次连续降雨量大于100mm，地质条件复杂程度应提高一级。

5. 从复杂程度开始，有两项（含两项）以上，最先符合该等级标准者，即可定为该等级。

4.2.4 公路边坡周边环境风险等级应按表 4-4 划分。

表 4-4 公路边坡周边环境风险等级划分

周边环境风险等级	周边环境条件
一级	在坡顶开挖线以外 1.0H、路基下方 1.5H 范围内有建筑物、道路、地下埋藏物(燃气管道、输油管线等)、高压电塔、历史文物、水体等重要设施
二级	在坡顶开挖线以外 1.5H、路基下方 2.0H 范围内有建筑物、道路、地下埋藏物(燃气管道、输油管线等)、高压电塔、历史文物、水体等重要设施
三级	建(构)筑物设施位于上述范围以外

注:H 为挖方边坡开挖面或填方边坡填筑面垂直高度。

4.3 监测方案

4.3.1 监测方案编制前,应收集下列资料:

1 边坡工程地质勘察文件;
2 边坡设计文件;
3 边坡施工方案及组织设计;
4 边坡监测范围内地下管线及地形图;
5 边坡监测范围内建(构)筑物年代、基础和结构物形式及平面图;
6 其他相关资料。

4.3.2 高速公路高边坡自动化监测设计方案编制大纲可参见本部分附录 B。

4.3.3 监测方案应按照规范和委托要求编制,必要时经过论证后方可实施。

4.3.4 下列高边坡监测方案应进行专门论证:

1 地质条件复杂,且工程安全等级为一级、二级的高速公路高边坡;
2 周边环境风险等级为一级的高速公路高边坡;
3 施工期曾出现病害,运营期再次出现明显病害或征兆的高速公路高边坡;
4 其他需要论证的高速公路高边坡。

4.4 监测内容

4.4.1 高速公路高边坡监测宜包括变形监测、应力监测、地下水监测、雨量监测和影像监测五项,各监测项目内容如下:

1 变形监测宜包括地表水平变形监测、地表垂直变形监测、墙(桩)顶水平位移监测、墙(桩)顶

垂直变形监测、深部水平位移监测、深部垂直变形监测等,当边坡出现明显变形迹象时,变形监测包括地表裂缝及地表隆起监测;

2 应力监测宜包括岩土应力、支挡结构应力、锚杆(索)内力及孔隙水压力等;

3 地下水监测宜包括地下水位、土壤含水率等;

4 雨量监测宜包括降雨量监测等;

5 影像监测宜包括图像与视频监测等。

4.4.2 周边环境监测宜包括下列内容:

1 邻近建(构)筑物监测宜包括位移、倾斜、裂缝等;

2 邻近地下管线监测主要包括水平位移和垂直位移等变形监测。

4.4.3 挖方边坡监测项目宜根据表 4-5 执行。

表 4-5 高速公路挖方边坡监测项目

序号	监测对象	监测项目	监测内容	监测等级 一级	监测等级 二级	监测等级 三级
一	边坡及支护结构	变形监测	地表水平位移、垂直位移	应测	应测	应测
			墙(桩)顶水平、垂直位移	应测	应测	应测
			深部水平位移	应测	宜测	可不测
			地表裂缝	应测	应测	应测
		应力监测	土压力/地应力	宜测	宜测	可不测
			支挡结构应力	宜测	宜测	可不测
			锚杆(索)应力	应测	宜测	可不测
			孔隙水压力	宜测	宜测	可不测
		地下水监测	地下水位	应测	宜测	可不测
			土壤含水率	可不测	可不测	可不测
		雨量监测	降雨量	应测	宜测	可不测
		宏观前兆	图像与视频	宜测	宜测	宜测
二	周边环境	邻近建(构)筑物监测	建(构)筑物垂直位移	应测	应测	应测
			建(构)筑物水平位移、倾斜	应测	宜测	可不测
			建(构)筑物裂缝	应测	应测	应测
		邻近地下管线监测	地下管线垂直位移	应测	应测	应测
			地下管线水平位移	宜测	宜测	可不测

注:1."应测"为正常情况下应进行的监测项目,"宜测"为有条件宜进行的监测项目,"可不测"为可不进行的监测项目。

2.边坡监测范围内有重要建(构)筑物,且破坏后果严重时,应加强应力监测。

4.4.4 填方边坡监测项目应根据监测等级，参照表4-6进行选择，并可根据设计要求、边坡稳定状态及施工进度进行动态调整。

表4-6 高速公路填方边坡监测项目

序号	监测对象	监测项目	监测内容	监测等级		
				一级	二级	三级
一	边坡及支护结构	变形监测	地表水平、垂直位移	应测	应测	应测
			墙（桩）顶水平、垂直位移	应测	应测	应测
			深部水平位移	应测	宜测	宜测
			深部垂直位移	应测	应测	宜测
			地表隆起	应测	应测	宜测
			地表裂缝	应测	应测	应测
		应力监测	土压力	应测	宜测	可不测
			孔隙水压力	应测	宜测	可不测
			支挡结构应力	应测	宜测	可不测
		地下水监测	地下水位	宜测	宜测	宜测
			土壤含水率	可不测	可不测	可不测
		雨量监测	降雨量	应测	宜测	宜测
		宏观前兆	图像与视频	宜测	宜测	宜测
二	周边环境	邻近建（构）筑物监测	建（构）筑物垂直位移	应测	应测	应测
			建（构）筑物水平位移、倾斜	应测	宜测	可不测
			建（构）筑物裂缝	应测	应测	应测
		邻近地下管线监测	地下管线垂直位移	应测	应测	应测
			地下管线水平位移	宜测	宜测	可不测

注：1."应测"为正常情况下应进行的监测项目，"宜测"为有条件宜进行的监测项目，"可不测"为可不进行的监测项目。

2.边坡监测范围内有重要建（构）筑物，且破坏后果严重时，应加强应力监测。

4.5 测点布设

4.5.1 边坡监测应布设永久性监测网，监测网应能覆盖边坡坡面区域和坡面外围一定区域，具体按本部分附录A执行。

4.5.2 永久性监测网由基准点、工作基点和监测点组成。监测网形可根据边坡规模、形状、变形特征、边坡监测等级和监测环境等因素综合确定，当边坡主滑方向和边界明确时，监测网可布设成十字形或方格形；当滑动方向和边界不明确时，监测网宜布设呈放射网形或采用多种网形。监测网形布设可参见本部分附录C。

4.5.3 基准点应布设在边坡变形影响区域之外稳固可靠、易于保存的位置,基准点不少于3个。

4.5.4 工作基点应设置在监测范围内相对稳定和方便使用的位置,对于通视条件好、监测项目少、距基准点近的监测项目,可不设工作基点,直接将基准点作为工作基点。

4.5.5 变形监测点布设应符合下列要求:

1 变形监测线、监测点数量根据边坡监测等级、边坡规模及现场条件等进行布设,可参考表4-7确定。

表4-7 变形监测点布设要求

监测方法	监测等级		
	一级	二级	三级
控制性监测线	≥3条,线间距≤50m	≥1条,线间距≤100m	视具体情况布置,线间距≤150m
每条控制性监测线的地表监测点	监测点水平间距20~30m,且监测点不少于5个	监测点水平间距30~40m,且监测点不少于4个	监测点水平间距40~50m,且监测点不少于2个
每条控制性监测线深部变形监测点	监测点间距30~40m,且不少于2点	监测点间距40~50m,且不少于2点	视具体情况布置,点间距不宜大于60m

2 控制性监测线沿边坡主滑方向或垂直于边坡走向布置,原则上与勘察剖面重合或平行,并作为稳定性计算剖面。

3 支挡结构顶部位移沿支挡线布设,监测点间距不宜大于20m。

4 深部水平变形监测孔深度达边坡最下层潜在滑动面以下不小于5m处或进入基岩不小于2m。对于地层风化界面、岩性分界面等,可能为控制性潜在滑动面时,监测孔穿透界面且深度不小于5m。

5 深部垂直变形监测点在竖向上宜布设在各土层分界面上,在厚度较大土层中部适当加密。

4.5.6 应力监测点布设应符合如下要求:

1 土压力监测点宜布设在每层土中部,可预设在迎土面的支挡结构侧面。

2 支挡结构应力监测点宜布设在支挡结构设计计算弯矩最大处。

3 锚杆(索)应力监测点数量不宜少于该层锚杆(索)总数的3%,且不少于3根。

4.5.7 地下水监测测点布设应符合如下要求:

1 边坡监测等级为一级时,测点监测宜为20~30m;监测等级为二级或三级时,测点间距宜为30~50m。

2 孔隙水压力监测点宜在水压力变化影响深度范围内,按土层分布情况布设。

3 边坡水文地质条件复杂处监测点应适当加密。

4.5.8 雨量监测测点应布设在边坡外围地势较高、相对开阔位置。

4.5.9 边坡影像测点宜布设在正对边坡主滑方向,并能清晰拍摄到整个边坡的相对安全、稳固的地方。

4.6 监测频率

4.6.1 自动化监测设备的数据采样频率不低于 1 次/10min,数据上传频率根据边坡监测等级有针对性设置,具体如下:

1 一级边坡上传频率不低于 1 次/h。
2 二级边坡上传频率不低于 1 次/2h。
3 三级边坡上传频率不低于 1 次/4h。

4.6.2 当出现下列情况之一时,应提高监测数据上传频率不低于 1 次/30min,直至监测数据稳定:

1 监测数据累计值或变化速率达到报警值。
2 监测数据变化较大或者速率加快。
3 邻近建筑出现突发较大沉降、不均匀沉降或出现严重开裂。
4 支挡结构出现开裂。
5 周边地面突发较大沉降、隆起、滑移或出现严重开裂。
6 邻近建筑出现突发较大沉降、不均匀沉降或出现严重开裂。
7 边坡面出现管涌、渗漏或流沙等现象。
8 暴雨或长时间连续降雨。
9 出现其他影响边坡及周边环境安全的异常情况。

5 监测方法

5.1 一般规定

5.1.1 监测设备选型应与监测内容、测点布设和系统集成的要求相适配,传感器选型应满足量程、分辨力、精度、灵敏度、环境适应性、稳定性和可靠性等要求。

5.1.2 监测设备工作环境适应能力应满足其所在高边坡的环境条件,可按需配置温湿度控制和保护装置。

5.1.3 监测设备宜使用可原位校准或自校准的产品和技术。

5.2 变形监测

5.2.1 地表水平位移监测宜采用 GNSS 方法、智能全站仪等,地表垂直变形监测可采用 GNSS 方法、全站仪三角高程测量或静力水准等。监测精度推荐指标如下:

1 GNSS 监测设备静态精度推荐指标:水平 $2.5mm + 0.5 \times 10^{-6}D$($D$ 为测距),垂直:$5mm + 0.5 \times 10^{-6}D$;

2 智能全站仪监测精度推荐指标按表 5-1 确定。

表 5-1 全站仪标称精度指标

监测点坐标中误差(mm)	一测回水平方向标准差(″)	测距中误差
1.0	≤0.5	≤($1mm + 1 \times 10^{-6}D$)
1.5	≤1.0	≤($1mm + 1 \times 10^{-6}D$)
2.0	≤1.0	≤($1mm + 2 \times 10^{-6}D$)
3.0	≤2.0	≤($2mm + 1 \times 10^{-6}D$)

5.2.2 地表裂缝监测宜采用拉绳式位移计、裂缝计等设备进行量测,裂缝监测精度不宜低于 1mm。

5.2.3 深层水平位移监测可采用固定式测斜仪或绞盘式自动测斜仪等设备进行量测。深层水平位移监测测量范围不宜低于±30°,监测精度不宜低于±0.25mm/m,分辨率不宜低于±0.02mm/500mm。

5.2.4 深部垂直位移监测宜采用单点沉降计、分层沉降仪等进行量测。单点沉降计量程不宜小于200mm,灵敏度0.05mm;分层沉降仪分辨率不低于+1.0mm,精度不宜低于±2.0mm。

5.2.5 边坡倾斜监测可采用倾角计、智能型全站仪、静力水准仪等设备,倾斜监测测量范围不宜低于±30°,监测精度不宜低于0.1°。

5.3 应力监测

5.3.1 土压力监测宜采用土压力计(盒)、光纤光栅土压力传感器等监测元件和相应的测读仪进行。当无法安装监测元件时,可采用位移监测等间接方法监测。

5.3.2 支护结构内力监测可采用钢筋计、混凝土应变计、表面应变计等设备结合智能采集传输模块进行量测。应力计或应变计可采用振弦式传感器。量程不宜低于设计值的2倍,分辨率不宜低于0.2%F·S,精度不宜低于0.5%F·S。

5.3.3 锚杆(索)内力宜采用钢筋应力计、锚索测力计测定,当使用钢筋束作为锚杆时,应分别监测每根钢筋的受力。钢筋应力计、锚索测力计的量程不宜低于设计值的2倍。

5.3.4 孔隙水压力可采用钢弦式孔隙水压力计、压阻式孔隙水压力计进行监测。钢弦式孔隙水压力计的灵敏度宜为0.1%F·S,观测精度宜为0.25%F·S;压阻式孔隙水压力计的灵敏度宜为0.01%~0.03%F·S,观测精度应为0.5%F·S。

5.4 地下水监测

5.4.1 地下水位监测宜选用投入式水位计,可采用水位自动记录仪,观测精度误差不应超过±5mm。

5.4.2 土壤含水率监测可采用土壤温湿度计、土壤水分速测仪等,土壤温湿度计分辨率宜为0.01%,观测精度宜为0%~50%范围内±2%。

5.5 降雨量监测

5.5.1 降雨量自动化监测采集信息包括雨量、采集时间、上传时间、传输方式、蓄电池实时电压、环境温度、信号强度等。

5.5.2 雨量自动化监测可选用自记雨量计、遥测雨量器或自动预报雨量器等仪器设备,雨量计包括翻斗式、称重式、轮盘式、虹吸式等类型。

5.5.3 雨量自动化监测宜能准确记录降水量过程,测量误差不大于±4%,精度应为0.1mm。

5.6 图像与视频监测

5.6.1 图像与视频监测系统包括视频/音频采集、传输、切换调度、远程控制、视频/声音显示、存储/回放/检索、视频图像质量诊断、视频/音频分析、实时浏览、多摄像机协同、抓图、系统管理、独立运行、集成与联网等功能内容。

5.6.2 图像与视频监测设备主要包括网络摄像机、云台/支架、防护罩等。

5.6.3 图像与视频监控宜配备图像识别、AI(人工智能)自动化分析模块,当监控摄像机抓拍到边坡垮塌事件时,能触发联动报警。

5.6.4 图像与视频监测图像质量推荐指标如下:
1 标清图像分辨率大于或等于704×576,高清图像分辨率大于或等于1280×720;
2 最低照度:彩色模式小于或等于0.1lx,黑白模式小于或等于0.01lx;
3 摄像机的宽动态能力大于100dB。

5.6.5 视频监测IP网络的推荐性能参数指标如下:
1 端到端通信的网络时延上限小于100ms;
2 端到端通信的时延抖动上限小于20ms;
3 端到端通信的丢包率上限小于1×10^{-5};
4 端到端通信的包误差率上限值为1×10^{-4}。

5.6.6 本地录像时可支持的视频帧率不低于25帧/s;图像格式为CIF时,网络传输的视频帧率不低于25帧/s;图像格式为4CIF以上时,网络传输的视频帧率不低于15帧/s,重要图像信息宜25帧/s。

6 监测系统

6.1 一般规定

6.1.1 监测系统涵盖的环节可分为系统设计、系统实施、系统交付、系统应用和系统维护,监测系统应利于维护、易于升级、便于扩展。

6.1.2 监测方法应综合使用环境、监测内容和测点布设、数据分析与应用的要求选择确定,包括感知方式、数据采集方式、数据传输方式和数据存储方式。

6.1.3 各级监测系统平台应设计采用统一数据交换传输标准、数据存储及数据管理标准,实现数据分级管理、归集与同步。

6.1.4 对于既有高边坡监测系统的升级、改造,应按照本部分规定的数据交换传输标准进行软件接口的设计、开发。

6.1.5 监测系统应进行安全认证,实现监测系统的身份鉴别、接入认证、访问控制和数据完整性、保密性管理。

6.2 系统设计

6.2.1 系统设计应包括下列主要内容:
1 系统总体设计,主要包括设计依据、架构组成、功能作用等。
2 系统详细设计,主要包括:
1)监测内容和测点布设;
2)监测方法,传感器选型,数据采集、传输、存储管理方案;
3)监测设备安装方案;
4)系统供电、接地、防雷、防护、预留预埋方案;
5)软件功能设计、性能要求和开发部署方案;

6）数据应用、报警、数据分析及状态评估方案。

3 系统与主体结构、数据中心、防雷接地、交通工程及沿线附属设施等工程界面的划分与衔接。

6.2.2 传感器选型应与监测内容、测点布设和系统集成相适配,设计应给出环境适应性、量程、分辨力、精度、灵敏度、动态频响特性等技术指标要求。

6.2.3 传感器量程应与量测范围相匹配,监测值宜控制在满量程的30%~70%之间。

6.2.4 传感器分辨力应与最小测量值相匹配,分辨力宜控制在监测值的1/15~1/8之间。

6.2.5 数据采集与传输模块包括数据采集与传输设备及光电缆线、数据采集与传输软件,应与传感器相适配,传感器信号数据应同步采集与实时传输。

6.2.6 数据采集与传输设备选型设计应综合考虑环境适应性、技术先进性、稳定可靠性,给出技术指标。

6.2.7 系统设计应结合抗干扰、接地、防雷、防护措施配备保护机柜。监测设备防护设施应明确"防尘、防震、防水"指标要求。

6.2.8 监测系统软件架构应考虑内部功能独立性和外部扩展性,应采用面向服务的软件架构(Service-Oriented Architecture,SOA)。

6.2.9 软件系统宜划分为数据采集与传输软件、数据处理与管理软件和用户界面软件。

6.2.10 数据采集与传输软件应与感知设施匹配,应符合以下功能要求:

1 具有灵活的兼容性和可扩展性,具备数据采集频率、采集通道、采集参数转换等设置功能。

2 实现各类传感器信号的自动化采集、原始数据本地存储功能,并将数据通过可靠网络发送至数据处理与管理软件。

3 具备完善的日志记录功能,能够记录常见系统运行故障,并具备故障自动恢复功能。

4 具备原始数据本地暂存功能,在网络故障情况下将数据自动存储在本地计算机,网络恢复后续传数据。

5 采集设备和软件支持远程集中控制,保证只有授权用户才可对设备和软件参数进行配置或变更。

6 采集软件前置安装运行在高边坡现场,能够在高温、高振动、高电磁干扰等复杂环境下连续稳定运行。

6.2.11 数据处理与管理软件应能够接收并处理数据采集与传输软件发送来的数据,实现数据解析、数据清洗、特征值提取、存储管理等功能。

6.2.12 用户界面软件应符合以下要求:
1 采用 B/S(浏览器/服务器)架构构建主体软件界面,满足多用户访问系统的需求。
2 直观反映高边坡结构状态变化,界面布局清晰合理,符合用户使用习惯。
3 软件能够实现高频数据的实时动态展示,采用时程曲线、数据列表、大屏驾驶舱等多种方式展示数据实时变化及规律。
4 具备在线数据分析功能,包含相关性分析、对比性分析、趋势性分析等。
5 设置灵活的查询条件并支持结果导出功能。
6 具备超限警示提醒功能,应设置超限报警阈值,当数据超过报警阈值时宜通过颜色变化、界面闪烁、短信提示、声光报警等多种方式的选择提醒用户。
7 控制类操作界面响应时间不多于 3s,查询类操作响应有明确的进度提示。
8 具备用户角色管理、权限控制功能,能够根据用户身份控制其界面访问和数据访问权限。
9 对于有特别移动访问需求的用户,能够附着开发运行在手机、平板上的小程序、App 等应用软件,功能包含实时数据展示、历史数据查询、报警消息推送、视频信息监控等。

6.2.13 系统设计时应充分考虑与高边坡管养单位企业级、省级、部级监测平台数据互联互通要求,宜采用 Web Service 技术开发数据交换接口。

6.2.14 监测系统设计应至少配备三台高性能服务器,分别安装数据处理与管理软件、中心数据库软件和平台应用软件,对于 GNSS 应单独配备计算机设备,各设备性能指标要求应在设计文件中予以明确。

6.2.15 监测系统升级改造设计应利用既有服务器等硬件设备,并应按需新增计算及存储设备以满足系统升级后运行要求。

6.2.16 监测系统应设计系统安全保护措施。

6.3 系统实施

6.3.1 系统实施应包含硬件实施、软件开发及软硬件联合调试三部分。

6.3.2 硬件实施应包括施工准备、施工组织设计、外场和数据中心内场的设备、设施安装与调试,应按照相关行业规范执行。

6.3.3 硬件实施采用的设备材料应符合国家现行有关标准的规定,并应出厂检测合格。

6.3.4 高边坡监测系统的供电、通信、数据中心、预留预埋、开孔开洞需求,应纳入施工图设计文件。业主单位和监理单位应协调确定监测系统与其他工程的工作界面,并指定专业化施工单位协助配合。

6.3.5 监测系统实施准备应符合以下规定:
1 施工准备应由技术准备和资源准备组成。
2 技术准备包括工程资料收集、现场踏勘、施工组织设计、技术交底等工作。
3 资源准备包括项目部组建,监测设备采购与进场报验,供电、通信、数据中心、预留预埋、开孔开洞等协调,施工工具、机械准备,临时设施与安全防护设施搭建等工作。

6.3.6 施工组织设计应符合以下规定:
1 由系统实施单位在完成现场踏勘工作后进行。
2 由施工技术方案、施工组织方案等组成。
3 施工技术方案包括传感器、数据采集与传输设备、光电缆线路、数据中心、附属设施等的安装和调试方案等。
4 施工组织方案应包括建设组织规划,建设进度计划,质量、安全、环保的措施等。

6.3.7 安装调试应符合以下规定:
1 传感器、数据采集与传输设备的安装位置应满足设计要求,传感器应通过可靠方式与被测结构物牢固连接,并采取适当的措施予以保护;安装调试过程应依据作业程序和要求开展,按有关规定准确填写施工记录表,记录、整理必要的设备编码、安装参数、初始数据和资料等。
2 光电缆线应与其他缆线保持必要的距离,并采取必要的屏蔽措施。光缆敷设弯曲半径应大于光缆外径的20倍,双绞线、同轴电缆、大对数线缆的弯曲半径应不小于电缆外径的15倍,接头部位应平直不受力。
3 光缆接续时应尽量减少接续损耗,每道工序完成后采用前向双程测试法测量接头损耗,中断段光纤的平均接头损耗不多于0.05dB/个。
4 供电、接地、防雷的建设应满足设计及相关规范要求;当电压波动较大、供电不稳时,应在供电设备输出端加设交流稳压装置,稳压后对监测设备进行供电。
5 传感器安装前应进行必要的校验,安装到位后应采集初始值,监测系统完工后应建立监测基准。

6.3.8 应对附属设施进行设计和界面划分,与其他工程的界面划分应符合下列规定:
1 系统设计单位设计主体结构上的预留预埋件、开孔开洞,由专业施工单位负责施工,对局部防腐涂装、安全防护造成的局部损伤应现场及时专业修复。

2 系统专用的不间断供电回路,应与由交通机电专业施工单位联合设计并施工,供电接入点应设在监测系统的数据采集站内。

3 系统的通信光纤,应与交通机电施工单位联合设计并施工,光纤接入点应设在监测系统的数据采集机柜内。

6.3.9 系统软件开发应包含软件开发、软件测试、软件部署以及与系统硬件的联合调试,应由第三方软件测试单位进行软件各功能测试。

6.3.10 系统软件开发应符合以下规定:

1 采用主流的软件开发技术和框架,软件内部各模块功能独立,模块之间耦合性低。

2 软件编写遵循国际通用编码规范和注释规范,程序编码风格应简洁易读、结构清晰、易于调试维护。

3 对于需要多方协同开发的软件,使用软件代码版本控制工具。

4 未经业主单位允许,软件系统内部不得内置与业务功能无关的后门程序、加密模块等。

5 按照现行《计算机软件文档编制规范》(GB/T 8567)等计算机软件行业标准要求编写软件开发文档和接口文档。

6 软件开发时选用技术路线考虑安全性、可靠性和技术先进性,可采用边缘计算、分布式处理、消息中间件、时序数据库等先进可靠技术。

6.3.11 系统软件测试宜符合以下规定:

1 软件开发完成后,由具备相关资质的软件测评单位进行软件测试,测试内容包含单元测试、功能测试、性能测试、集成测试等。

2 软件测试前编写测试方案和测试用例,测试流程和内容应符合现行《计算机软件测试规范》(GB/T 15532)和《计算机软件测试文档编制标准》(GB/T 9386)的相关要求。

3 软件测试完成后由测评单位出具软件测试报告,报告应详细描述每个测试用例的测试结果,对于重大功能偏离、缺陷和逻辑错误,需经开发单位修复完善后再次提交测试,最终测试通过率应不低于测试用例总数的95%。

6.3.12 系统软件部署应符合以下规定:

1 软件部署前编制软件部署建设指南,开发过程规范有序,开发完成后各功能完好。

2 软件现场部署前,服务器、工作站、工控机等硬件安装完毕并接电稳定运行,数据中心网络、供电、通信、照明等应满足设计要求。

3 操作系统、应用组件、数据库等应用支撑软件的安装和配置满足软件设计文件的要求。

4 软件安装和调试分步进行,软件部署完成后进行现场、数据中心同步功能确认。

6.3.13 软件安装完成后与外场硬件的联合调试,应符合以下规定：

   1 数据采集与传输软件部署完成后与高边坡现场感知设施进行数据采集校验,确保数据输出通道、数据流、方向、精度等与外场设备安装保持一致。

   2 数据处理与管理软件部署完成后与高边坡现场感知设施和数据采集与传输软件进行数据对接,确保数据接收、处理和存储等功能满足设计文件要求。

   3 软硬件联合调试完成后,用户界面软件各项功能正常,监测数据展示准确,界面数据值、数据精度、数据单位应与设计文件和传感器输出一致。

   4 各软件节点与外场传感器之间的时间同步误差、网络延迟误差、信号噪声量等满足设计文件规定。

6.3.14 系统建设软件功能完好率100%,数据完好率不低于95%。

6.4 系统交付

6.4.1 系统具备交付条件时,应及时组织验收交付投入使用。系统验收应包括硬件验收、软件验收和资料验收三部分。

6.4.2 硬件验收应包含以下内容：

   1 进场设备材料的数量、规格型号、技术参数等与合同文件、设计文件的一致性,合格证、质保卡、说明书及出厂检验报告等是否齐全。

   2 传感器安装位置正确、牢固、端正,表面平整,与结构物接触面紧密,采取必要的防腐防护措施,信号线按要求连接到位。

   3 数据采集设备处于正常工作状态,机柜内电力线、信号线、元器件等布线平直、整齐、固定可靠,插头牢固,标识清晰。出线管与箱体连接密封良好,机柜内无积水、尘土、霉变；机柜接地连接可靠,接地引出线无锈蚀。

   4 光电缆线路敷设与数据中心设备安装应满足现行《公路工程质量检验评定标准 第二册 机电工程》(JTG F80/2)的有关要求。

6.4.3 软件验收应包含以下内容：

   1 数据采集与传输软件功能完整性和一致性检查,正常采集、存储、转发监测数据,各项功能指标满足设计文件要求。

   2 数据处理与管理软件功能完整性和一致性检查,正常接收、处理、存储、转发监测数据,各项功能指标满足设计文件要求。

   3 用户界面软件功能完整性和一致性检查,各软件模块功能满足设计文件要求,静态基础数据、实时监测数据、历史统计数据等各类数据准确、齐全。

4 软件整体请求响应速度、数据刷新率等性能指标满足设计文件要求。

6.4.4 资料验收主要检查文档的齐全性、规范性和一致性，应包含以下内容：
1 合同相关资料：合同协议书、合同谈判纪要等。
2 实施过程资料：系统设计文件，系统变更资料；设备进场报验资料、监测设备设施安装记录、设备设施检验资料；监理资料；有关会议纪要等。
3 交工验收资料：系统实施总结报告、系统竣工图、系统硬件手册、系统软件使用手册和系统试运行报告。

6.5 系统维护

6.5.1 应按年度组织编制系统维护计划，包含备品备件清单、数据分析计划、系统维护费用预算。

6.5.2 应对系统管理使用单位人员进行系统使用培训。

6.5.3 应定期进行系统检查和维护，及时维修或更换故障设备，建立设备维护台账。

6.5.4 系统硬件设施维护宜分为日常维护和定期维护。

6.5.5 系统硬件设施日常维护应符合下列规定：
1 日常维护的主体为高边坡管养单位，结合高边坡日常巡查工作开展。
2 系统的日常维护对巡查路线上监测设备的表观完好性进行检查，并对巡查情况进行记录。
3 每天对数据中心展示的监测数据以及机房计算机设备和工控机运行状态进行检查，并进行记录。
4 对巡查中发现的问题或系统软件反馈的问题，进行及时处置或通知专业单位进行处置，并对处置结果进行记录。

6.5.6 系统硬件设施定期维护应符合下列规定：
1 定期维护主体为专业维护部门或机构，至少每半年进行一次定期维护。
2 需对监测传感器、采集器等的表观完好性进行检查；对设备及防护罩的固定情况以及传感器、采集器与传输线路的接头紧固情况进行检查。
3 对现场采集站、数据中心内等易受灰尘影响的设备及机柜进行除尘处理。
4 对基于连通管原理设备的液位情况定期检查，补充连通管内液体至设计液位。
5 需对维护中发现的问题在24h内快速处置。

6.5.7 软件系统维护宜分为日常检查、定期维护和应急维护。

6.5.8 软件系统日常检查应符合以下规定：

1 每周应开展不少于1次的日常检查。

2 日常检查内容包括各软件模块功能工作状态检查、实时数据及历史数据检查、超限数据检查确认等。

3 在系统不停机状态下进行软件日常检查，确需停机维护的，应提前告知高边坡管养单位，并尽量在夜间进行维护操作。

6.5.9 软件系统定期维护应符合以下规定：

1 每月应开展不少于1次的定期维护。

2 软件定期维护内容包括软件系统时间同步检查、磁盘存储空间检查及清理、数据库异地备份及软件运行日志检查等。

3 对于有配置参数修改、更正的维护操作，需应提前做好备份，并在维护完成后记录，按需向高边坡管养单位汇报。

6.5.10 软件系统应急维护应符合以下规定：

1 系统出现功能缺陷、突发故障、数据中断等情况时，或遭遇强降雨等可预测的应急状况发生前进行应急专项维护。

2 软件应急维护内容包括软件崩溃恢复、功能异常修复和数据异常更正等。

3 当发现软件功能故障、界面数据异常或中断、数据超限报警等情况时，及时通知软件维护单位进行处置和确认。

4 对于非软件功能、性能因素造成的数据异常或中断等，联合硬件维护人员联合排查、修复并记录。

6.5.11 应根据监测系统维护工作计划列支下一年度系统维护费用。

6.6 系统安全

6.6.1 高边坡监测系统应从物理层、网络层、系统层、数据权限、数据库等方面考虑系统安全性要求。

6.6.2 系统数据中心应优先考虑高边坡现场管养中心机房和监控中心。机房需建立完备的物理安全保障措施，配备消防设施、防雷击和电磁干扰设备、视频安防和门禁系统，并配备恒温空调和UPS设备保证温湿度环境及供电要求。

6.6.3 数据中心应按照功能合理划分安全域,宜分为数据存储域、数据处理域、应用服务域和工作域,各安全域之间应能够进行有效隔离。

6.6.4 应采用防火墙技术实现核心应用层与互联网之间的安全阻断与隔离,各应用服务器应采取必要的安全防护措施以阻断木马程序、病毒的传播。

6.6.5 各应用服务器、工作站应安装防病毒软件、安全审计系统等保证系统运行安全。

6.6.6 监测系统软件数据权限安全应符合以下规定:
  1 软件系统设置基于角色的用户权限管理模块,能够通过角色实现界面权限和数据权限的授权访问。
  2 系统登录具备用户密码复杂性校验功能,定期提示用户更换密码,用户密码需要进行加密存储。
  3 系统内置超级管理员用户,具备密码重置及用户名单查询与导出功能;设计安全加密和分级授权策略,保证系统访问安全。
  4 系统软件具备完善的日志记录功能,能够对用户登录、页面操作、配置修改、恶意攻击、系统故障等信息进行自动记录保存,能够事后统计和追查用户的访问操作。

6.6.7 应采用用户标识和鉴定、数据存取控制、视图机制、数据库审计等方式保证数据库系统安全。

6.6.8 采用云服务商公有云作为运行环境时,云服务商应按高边坡数据安全管理设计要求设置安全保护措施。

7 数据标准

7.1 一般规定

7.1.1 按照数据类型划分,数据宜分为高边坡基础数据、监测点属性数据等业务数据,以及实时监测数据、历史特征数据、报警数据、视频监控数据等监测类数据。

7.1.2 监测数据应客观真实、精确可靠显示监测项目各测点传感器的实时数据。

7.1.3 监测数据宜采用分布式存储、大数据分析、多源数据整合等技术进行存储、管理和应用。

7.1.4 监测系统应采取措施减少因信号噪声、信号衰减、传感器误差等因素造成的数据失真,提高数据的可靠完整性。

7.1.5 对于动态监测数据制定数据采集传输接口标准,对于静态数据应编制数据字典。

7.1.6 监测数据处理应剔除错误数据,提取反映监测内容的有效特征数据。

7.1.7 监测数据宜作为高边坡养护管理数字档案永久保存。

7.2 数据编码

7.2.1 监测数据宜按照监测类别划分为地表监测数据、深层位移监测数据、地下水监测数据、降雨量监测数据、结构物监测数据、锚杆(索)应力监测、视频监控数据。

7.2.2 数据编码包括业务数据编码和监测数据编码,相应的规则应符合以下规定:
    1 高边坡基础数据应包含高边坡名称、高边坡编码、高边坡所在路线/路段、高边坡基本信息(地形地貌水文地质、防护类型、坡高、坡度、分级等)、高边坡养护管理单位等内容,详细数据字典参见本部分附录 D 中表 D-1。

2 高边坡监测点编号应按照固定的规则进行编码,编码规则应简洁易懂,宜由"高边坡编码-监测项简称-测点编号"组成。

3 实时监测数据应包含测点编号、数据采集时间、当前值、数据状态等信息,详细数据字典参见本部分附录 D 中表 D-5。

4 视频监控数据应以视频媒体文件形式压缩存储,每个视频文件应对应存储其属性信息,包含摄像头编号、采样分辨力、采集起止时间、摄像机方向、工作状态等信息。

条文说明

(1)高速公路高边坡编码结构,按"路线编号 + 县级行政区划代码 + B + 四位编号 + L(R)"进行编号,如图 7-1 所示。

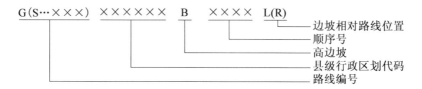

图 7-1　高速公路高边坡编码结构

比如上戈收费站高边坡编码为"S85410328B0001L",其中 S85 表示高边坡所在的高速公路;410328 为《中华人民共和国行政区划代码》(GB/T 2260)规定的国家行政区划代码,表示洛阳市洛宁县;B 表示高边坡,采用边坡的汉语拼音首字母;0001 表示该边坡在路段管养单位管辖范围内 S85 路线上的边坡顺序号;L 表示边坡在路线桩号递增方向的左侧。

(2)高边坡监测点编号命名规则如图 7-2 所示。

图 7-2　高边坡监测点编号命名规则

图 7-2 中,监测项简称为不同监测项的英文简称,一般由五位大写字母组成,各监测项简称详见本部分附录 E。各字段之间应以中横线"-"加以分割,如监测点名称 S85410328B0001L-RNFAL-01 表示"上戈收费站高边坡降雨量监测项第 01 个监测点编号"。

7.2.3 监测系统实时数据传输协议应按照本部分附录 F 规定进行监测数据实时采集与传输。

7.2.4 与其他业务系统进行数据交换共享的,应遵循以下规定:

1 与其他系统之间数据交换应采用数据接口服务的方式,有网络隔离要求的应采用中间存储介质的方式进行数据交换。

2 数据交换接口设计应充分考虑各子系统运行稳定性要求,应采取必要的权限验证和安全管理措施保证数据的安全性。

  3 监测数据通过互联网传输时,宜采用通过传输加密和身份认证的 Https 协议,并在数据交换时采用动态密钥进行权限身份认证。

7.2.5 监测系统接入企业级、省级监测平台和部级数据平台时,宜采用基于 IPSec 协议或 SSL 协议建立 VPN 专用网络连接,并需满足省部级平台对于网络安全等级保护的基本要求。

7.3 数据处理

7.3.1 监测系统软件应能够接收并解析高边坡现场发送的各类监测数据,并具备数据预处理、二次处理、特征值提取以及数据持久化存储功能。

7.3.2 系统软件宜能够通过可视化界面远程进行数据处理参数设置。

7.3.3 应针对不同的监测项设计对应的处理方法,对数据进行滤波、特征提取、数据解耦、转换与统计等处理。

7.3.4 应明确定义处理后监测数据的数据单位、数据方向、数据精度。

 条文说明

  数据单位采用国际标准单位,不同类型监测项数据单位及数据方向宜参照本部分附录 E 规定。

7.3.5 数据处理宜采用多线程、分布式并行计算、Redis 等技术提升数据处理和存取效率,最大程度提升数据处理时效性。

7.4 数据管理

7.4.1 宜采用数据库技术对结构化数据进行永久性存储,并能以数据接口形式对外提供数据调用和查询功能。

 条文说明

  数据库是按照一定的数据结构来组织、存储和管理数据的仓库,是一个长期存储在计算机内的、有组织的、可共享的、统一管理的大量数据的集合。

7.4.2 数据库设计应遵循技术先进、架构合理的设计原则,宜按照不同的数据类型和功能进行分类存储管理。

7.4.3 宜按照监测系统功能模块和业务类型划分为实时数据库、统计分析数据库、高边坡结构信息数据库、监测系统信息数据库、结构安全评估数据库等专项数据库。

7.4.4 应考虑数据量增长对于数据存取的压力，基于数据安全和存取效率，宜探索采用读写分离、视图机制、分布式存储、时序数据库等方式。

7.4.5 对于视频、图片、文档等非结构化数据，应设计完整的存入、检索、导出功能，设置适宜存储资源进行存储管理，不同数据类型应分类建立单独的存储目录结构。

7.4.6 数据库应提供参数配置功能，能够对各类监测数据的配置参数、处理频率、输出数据格式等进行自定义设置、修改。

7.4.7 数据库应具备数据备份能力，备份周期不大于7d，备份文件保留时间不小于90d，并设置灾备机制对关键数据进行定期异地备份。

7.4.8 数据库应具备故障恢复功能，对于故障支持自动和手工操作进行故障恢复。

8 数据采集、传输与储存

8.1 一般规定

8.1.1 数据采集包含数字型数据采集和模拟型数据采集,数据传输包括蜂窝网络、卫星通信、以太网通信,数据采集和数据传输可以整合在同一个系统设备中,最终基于 HTTP、MQTT、COAP 等协议接入各类数据集成平台。

8.1.2 自动化监测初始值采集在系统调试运行稳定后进行,同时采集比对测量数据,采集次数不宜少于 3 次。

8.1.3 数据采集与传输系统宜减少不必要的功能模组,提升系统稳定性,并考虑信息技术发展趋势,确保系统兼容性。

8.2 数据采集

8.2.1 自动化数据采集系统可分为数字型数据采集设备和模拟型数据采集设备两个类型,每种类型的设备包含数据采集模块、计算存储模块、通信模块和供电模块等功能模块。

8.2.2 数字型数据采集设备包含多路相互独立的数字输入输出采集接口,支持 RS485、I/O 接口等数据类型。

8.2.3 模拟型数据采集设备包含多路相互独立的模拟信号输入接口,包括且不限于电压信号采集、电流信号采集、振弦类频率信号采集。

8.2.4 自动化数据采集设备数据缓存至少保存 7d 的传感器采样数据。当通信恢复以后能够将历史数据进行补传。

8.2.5 自动化数据采集保证其稳定性,每日采集的数据总数不小于计划采集数据总数的 75%。

8.2.6 自动化数据采集设备具备基本边缘计算能力,可对监测数据进行数据分析,并自动化判断与设备参数调控,例如:在发生边坡灾害紧急情况时,高频上报数据和本地触发报警(如声光报警)等功能。

8.2.7 自动化数据采集设备具备灵活的传感器设备接入机制,包括且不限于采用自识别自组网设备接入、现场扫码接入、远程配置接入。

8.3 数据传输

8.3.1 数据传输应优先选用有线传输。当不具备条件或较为困难时,可考虑选用无线传输。

8.3.2 有线传输应选用带宽高、传输距离远、可靠性高、抗干扰能力强的光纤传输,传输网络宜采用基于TCP/IP协议的光纤专网。

8.3.3 无线传输应根据监测规模、监测需求及具备的网络条件选择适宜的无线通信网络,带宽、传输距离、时延应满足监测需求。

8.3.4 数据传输设施应高效、可靠、稳定地长时间运行,平均故障间隔时间应不少于30000h,平均IP包传输时延应不大于100ms,IP包丢失率应不大于1×10^{-5}。

8.3.5 数据传输协议和数据交换标准应统一设计,与外部系统之间数据交换宜采用数据服务接口形式。

8.3.6 采集到的监测数据应稳定可靠地传输到数据中心,宜采用消息认证、数字签名等技术保证数据传输的完整性、实时性、安全性和鲁棒性。

8.4 数据储存

8.4.1 对监测系统采集的各类数据,应根据其重要程度、使用频率和数据量大小进行分级分类存储管理,存储方式宜分为在线存储和离线存储。

8.4.2 测点较少的监测系统宜选用DAS直连式存储模式,对数据存储容量大、数据可靠性和安全性要求高的系统宜选用SAN存储区域网模式。

8.4.3 监测系统在线存储空间应满足原始数据存储不少于3年、处理后的特征数据存储不少于5年的容量要求,超过时限的数据可转存至低成本的离线存储介质上。

8.4.4 监测数据离线存储可选用光盘、磁带或磁带库等低成本存储介质,对于离线存储数据应永久保存,以便查找追溯。

8.4.5 视频数据存储方式宜采用循环更新存储方式,普通视频存储宜不少于1个月,突发事件视频应进行转移备份存储并永久保存。

8.4.6 可考虑租用云服务商提供的云存储方式,云存储方案应综合考虑网络带宽、数据安全、存储容量等要求,确保满足应用要求。

8.4.7 监测系统数据存储应具备容灾备份机制,并具备数据压缩存储和异地备份功能,对关键数据宜定期进行异地备份。

9 数据分析与应用

9.1 一般规定

9.1.1 数据分析与应用围绕高边坡安全与稳定,基于监测系统监测数据,利用各类数据分析方法,对高边坡运营和结构安全进行报警,并定期进行状态评估及诊断,支撑高边坡管养科学决策。

9.1.2 宜根据开发需求选用成熟可靠、技术兼容性强的应用中间件及基础构件,提升系统可靠性和可扩展性。

9.1.3 数据管理具备标准化读写接口,考虑数据结构化、安全性、可扩展性、便捷性等方面。

9.1.4 应基于监测数据及其分析结果,对高边坡出现的异常状态进行实时警示报警。

9.2 数据分析

9.2.1 数据自动化优化具备数据的预处理和后处理能力,预处理宜采用相关算法实现数据去噪、滤波、异常剔除等功能,数据后处理宜根据数据分析需求确定。

9.2.2 公路边坡自动化监测数据分析与处理主要包括以下内容:
1 监测资料及时编录、整理、统计分析。
2 及时确定位移量、位移方向、位移速率以及潜在滑动面位置,对于滑坡,能判定主滑断面及方向,分析诱发滑动的主要因素,判断滑坡所处的变形阶段。
3 根据监测数据和变形迹象进行综合分析,利用已有系统相关模型,判断边坡的稳定状态,预测预报边坡成灾险情,提出相应的建议。

9.2.3 监测资料分析图表主要包括以下内容:
1 绝对位移监测资料:编制水平位移、垂直位移矢量图及累计水平位移、垂直位移矢量图,以及上述两种位移量叠加在一起的综合性分析图、位移历时曲线图。

2 相对位移监测:编制相应位移分布图、相对位移历时曲线图等。

3 地面倾斜监测:编制地面倾斜分布图、倾斜历时曲线图。

4 地下倾斜监测:编制钻孔等地下位移与深度关系曲线图、变化值与深度关系曲线图及位移历时曲线图等。

5 地表水、地下水监测:编制地表水水位、流量历时曲线图、地下水位历时曲线图、土体含水率历时曲线图、孔隙水压力历时曲线图、泉水流量历时曲线图。

6 气象监测:编制降水历时曲线图、气温历时曲线图以及不同雨强等值线图等。

7 进行相关性分析:编制位移量(包括绝对和相对)与降雨量变化关系曲线图、变形位移量与地下水位变化关系曲线图、倾斜位移量与降水量变化关系曲线图、倾斜位移量与地下水位变化关系曲线图等。

9.2.4 按间隔时间(日、月、季、半年、年)对数据库内的监测数据进行分析统计计算特征值、最大值、最小值、平均值等,并分类建档。

9.3 监测预警

9.3.1 公路运营过程中,应结合支挡结构和边坡变形情况,根据监测数据,及时分析、研究及总结,综合多种方法并结合地区经验,对其稳定性进行预测预警。

9.3.2 监测预警预报内容包括灾害类型、对象、灾害范围、预报等级等,并包括以下内容:

1 预报对象包括变形速率大、危害严重、对边坡稳定性起关键作用及对整个边坡变形破坏具有代表性的地段或块体。

2 预报灾害范围包括边坡本身范围、边坡运动所达到的范围、边坡破坏后造成的次生灾害范围及地震、暴雨等其他灾害条件下放大效应所波及的范围。灾害范围的确定考虑边坡变形的规模、范围、形式和方向、边坡区工程地质条件、运动速度和加速度及次生灾害产生的可能性和波及的范围。

3 预报等级按预报时间长短可分为预测级、预报级及报警级。根据专业监测,运营公路边坡监测开展报警级预报为主。

条文说明

预测级也称中长期预报,其预报时间为1年以上,主要采用现场调查的方法对监测对象进行危险程度评价,通过监测对象的危害程度区划和数据库资料,判断监测对象的危害程度并进行预报。预报级也称短期预报,其预报时间为1年至几天不等,主要采用现场调查评价及监测的方法对监测对象的区域自然、地貌、地质及社会因素等进行分析及变形位移进行监测,获得监测对象形变量,并通过判断形变量是否达到或超过临界值来进行预报。报警级也称为临灾预报,其预报时间几天之内,主要采用监测的方法对监测对象的变形位移、宏观变形、地声、气象、水文及地质等相关因素进行监测,获得监测对象的形变量,并通过判断形变量是否达到或超过警戒值来进行报警。

9.3.3 高边坡预测应以位移监测资料为主,采用定性与定量预测相结合的方法,选择合适的预测模型和方法进行预测。

9.3.4 高边坡变形预测预报可采用深部位移速率、高边坡前缘剪出裂缝的危险位移速率及临界降雨强度等作为预报指标,并根据高边坡类型、变形特征、发展趋势及高边坡危害对象等,合理确定高边坡坡体进入临界失稳状态前的警戒值。

9.3.5 灾害体临界失稳前的报警值根据灾害类型、变形特征、发展趋势、危害对象及已有的同类工程成熟经验等合理确定。无相关经验时,存在下列条件之一的情况,宜启动报警:
    1 边坡岩土体连续三次变形加速度大于零。
    2 地表裂缝、土压力、地下水位等监测指标佐证边坡岩土体性状出现异常变化,且连续两次变形加速度大于零。
    3 边坡防护结构及相邻的构筑物出现现行《建筑边坡工程鉴定与加固技术规范》(GB 50843)规定的需要报警的情况。
    4 边坡深部位移持续变形 3~5d,且超过边坡变形的警戒值 5mm/d,超警戒值的深部位移监测孔所代表滑动块体的体积占整个滑坡体的一半以上。
    5 边坡前缘剪出裂缝的位移量超过危险位移量 10mm/d,且其前缘剪出口有一半以上部位的位移超过警戒值。
    6 根据工程经验判断认为已出现其他必须报警的情况。

条文说明

    报警值指用于判定边坡体进入临界失稳状态的指标。边坡报警的目的是对运营边坡中变形速率大、危害严重、对边坡稳定性起关键作用及对整个边坡变形破坏具有代表性的地段或块体的变形进行报警,并及时采取相应的应急抢险工程措施,控制边坡变形发展,防止边坡体进入临界失稳状态,保证运营公路边坡的安全。

    在国外,日本的滑坡预测值是 7mm/d。我国真正预测并实测到边坡变形破坏时位移速率的工程实例很少,仅在甘肃省黄茨滑坡的变形监测与预报分析中提出报警值为 10mm/d,且这一报警值在甘肃省焦家 3 号滑坡预报中得到了验证。但就目前而言,我国尚无统一的报警值,且报警值可能随地区和边坡类型不同而有一定的差异。

    考虑到公路运营边坡的重要性,从工程安全角度出发,边坡报警值引用《公路滑坡防治设计规范》(JTG/T 3334—2018)第 9.4.3 条之规定选用,即运营公路边坡的报警采用深部位移 5mm/d、边坡前缘剪出裂缝危险位移量 10mm/d 作为报警临界指标。

9.4 监测报告

9.4.1 监测报告包括月报告、季度报告、年度报告和总结报告及特殊条件下的专报。

9.4.2 监测报告提供内容真实、准确、完整,并宜用文字阐述与绘制变化曲线或图形相结合的形式表达,监测报告编制提纲见本部分附录G。

9.4.3 监测报告主要包括以下内容:
1 监测点边坡基本状况;病害或灾害特征、监测执行过程等;
2 监测网点布置情况;仪器设备检查维护、完好率、变更情况等;
3 人工巡查情况;
4 监测数据采集、整理、分析、预测及主要成果、结论,附主要监测要素曲线图、对比曲线图;
5 边坡安全状况综合评价,应采取的措施和建议。

9.4.4 监测工作结束后,编制监测工作总结报告,编制提纲见本部分附录H。监测工作总结归档资料包括以下内容:
1 委托合同;
2 监测方案;
3 监测系统建设和验收记录;
4 监测数据(包括手工记录数据和自动监测数据);
5 各种原始记录卡片、图片及影像资料;
6 各阶段性监测报告;
7 监测工作总结报告。

9.5 信息推送

9.5.1 公路边坡自动化监测预警发布渠道包括网站、App、微信公众号、短信、电话等方式,并包括以下内容:
1 网站宜具备预警监测点醒目提示、历史数据及图像查询、实时数据及图像展示、监测点及传感器基本信息展示、监测点及传感器状态展示、监测点三维实景模型及传感器安装布设情况展示等功能;
2 App宜具备预警监测点醒目提示、历史数据及图像查询、实时数据及图像展示、监测点及传感器基本信息展示、监测点及传感器状态展示、监测点三维实景模型及传感器安装布设情况展示等功能;

3 微信公众号宜具备预警监测点醒目提示、历史数据及图像查询、实时数据及图像展示、监测点及传感器基本信息展示、监测点及传感器状态展示、监测点三维实景模型及传感器安装布设情况展示等功能；

4 App宜至少完成安卓、IOS两个主流平台的实现；

5 预警发布配置冗余发生策略，避免同一预警信息重复发布；

6 预警信息中包含明确的灾害点信息、传感器信息、预警类型、实时数据、发生时间。

附录 A 高边坡监测范围示意图

A.0.1 挖方边坡监测范围(图 A-1)包括边坡体和不少于开挖面坡顶外影响区宽度,其中坡顶影响区宽度不宜小于挖方边坡开挖高度。

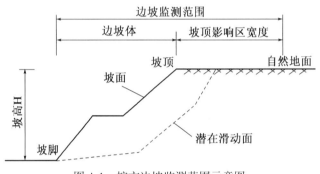

图 A-1 挖方边坡监测范围示意图

A.0.2 填方边坡监测范围如下:

1 一般填方边坡监测范围(图 A-2)包括迎面坡体、路面及坡脚外影响区宽度,坡脚外影响区宽度不宜小于填方边坡最大填筑面垂直高度。

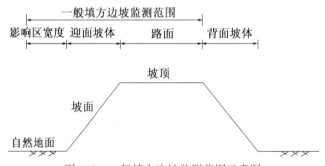

图 A-2 一般填方边坡监测范围示意图

2 陡坡路堤监测范围(图 A-3)包括迎面坡体、路面及背面坡体。

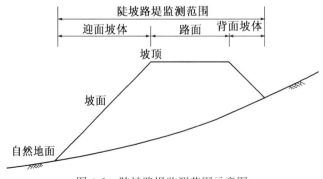

图 A-3 陡坡路堤监测范围示意图

附录 B　高边坡自动化监测设计方案编制大纲

1　工程概况
　　1.1　项目概况
　　1.2　场地工程地质、水文地质及周边环境条件
2　监测目的和依据
3　监测范围与对象（包括监测内容、等级等）
4　自动化监测系统设计
　　4.1　监测仪器设备
　　4.2　数据自动采集、传输与分析处理
　　4.3　数据预警与发布
　　4.4　人工比测方案
　　4.5　供电与安防方案
　　4.6　系统应急处置方案
　　4.7　测试及验收方案
　　4.8　系统维护
5　监测实施方案
　　5.1　监测布置（基准点、监测点的布设与保护，监测点平面布设图）
　　5.2　监测工作量
　　5.3　监测精度
　　5.4　监测周期
　　5.5　监测频率
6　监测预警方案及应急措施
　　6.1　监测预警方案（人工预警、阈值预警、自动化预警）
　　6.2　应急措施
7　监测人员及组织
8　安全生产措施
9　监测资料整理与信息反馈

附录 C 高边坡监测网形布设

边坡、滑坡及崩塌监测网可布设成十字形、方格形、三角形(或放射型)网等,各网型监测剖面布设如图 C-1 所示,监测孔布置如图 C-2 所示。

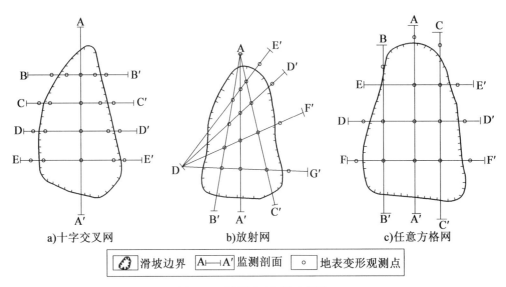

图 C-1 监测剖面布设示意图

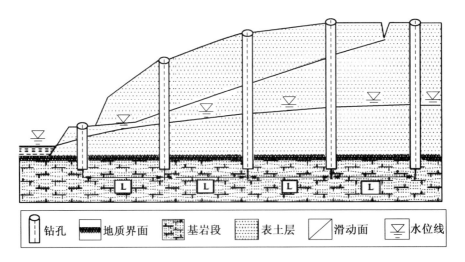

图 C-2 监测孔布置示意图

(1)十字形监测网。通过布设纵向、横向相交的测线构成十字形,测点布设在测线上。测线两端放在稳定的岩土体上并分别布设为测站点。当设一条纵向测线和若干条横向测线,或设一条横向测线和若干条纵向测线时,可布设成"丰"字形、"卅"字形或"卅"字形等。这种网型适用于范围不大、平面狭窄、主要变形方向明显的边坡体。

(2)方格形监测网。通过在边坡体潜在变形破坏的范围内布设多条纵向、横向近直交的测线,组成方格网,测点设在测线的交点上(也可加密布设在交点之间的测线上)。这种网形测点分布的规律性强且较均匀,监测精度高,地质结构复杂的边坡。

(3)三角(或放射)形监测网。通过在边坡体潜在变形破坏范围外稳定地段设测站点,自测站点按三角形或放射状布设若干条测线,在测线交点或测线上设测点,组成三角(放射)形监测网。这种网形测点分布的规律性差,不均匀,距测站近的测点的监测精度较高。

附录D 高边坡监测系统数据字典定义

为规范边坡健康监测系统的建设、维护和应用,便于后续接入"河南省高速公路综合养护信息管理平台",现就边坡健康监测系统数据字典含义、数据类型及其他相关内容进行必要的规范定义,具体定义见表D-1～表D-9,各建设单位可参照执行。

表D-1 高边坡基本信息表(SlopeBasicInfo)

字段名称	数据类型	字段含义
ID	字符型	公路高边坡唯一编码
高边坡名称	字符型	起点桩号至终点桩号段高边坡,如K1089+600～K1089+684段高边坡
所在省(区、市)	字符型	
路线名称	字符型	高边坡所在路线名称,如京港澳高速公路
路线编码	字符型	高边坡所在路线编码,如G55
管理单位	字符型	
起点桩号	浮点型	格式:K1089+600
止点桩号	浮点型	格式:K1089+680
边坡长度	浮点型	单位:m
坡高	浮点型	单位:m
坡度	字符型	单位:°
分级	字符型	单位:级
边坡起点经度	浮点型	
边坡起点纬度	浮点型	
边坡止点经度	浮点型	
边坡止点纬度	浮点型	
边坡类型	字符型	挖方边坡、填方边坡
是否临河	字符型	是、否
临河地形	字符型	凹岸、凸岸、直线段
边坡岩性	字符型	岩质、土质、土石混合
排水设施类型	字符型	地表排水设施(边沟、截水沟、排水沟、跌水与急流槽、无)、地下排水设施[暗沟(管)、渗沟、渗井排水隧洞、无]
防护设施类型	字符型	坡面防护(植物防护、骨架防护、挂网喷护、片石护坡、护面墙、无)、沿河防护(植物防护、砌石和混凝土护坡、石笼防护、浸水挡墙、护坦、抛石、排桩、丁坝顺坝、无)、支挡设施(挡墙、抗滑桩、锚(杆)索、框架、无)
抗震设防等级	字符型	<0.05g或6度以下、0.05g或6度、0.10g、0.15g或7度、0.20g、0.30g或8度、≥0.40g或9度及以上
防洪标准	字符型	10年一遇、20年一遇、30年一遇、50年一遇、100年一遇

续上表

字 段 名 称	数 据 类 型	字 段 含 义
剖面图及局部照片	字符型	
监测系统建成时间	日期型	系统投入运行时间
监测项数	整型	监测系统总监测项数量
测点数量	整型	监测系统总测点数量
监测等级	字符型	高边坡的监测等级划分
备注	字符型	

表 D-2　监测项基本信息表（MonitorTypeBasicInfo）

字 段 名 称	数 据 类 型	字 段 含 义
ID	字符型	监测项唯一标识
监测项名称	字符型	本规范中规定的监测项目,见本册表 E-1 第 2 列
所属类型	字符型	监测项目所属的监测对象
监测目的	字符型	描述该监测项主要监测部位和目的
监测点数量	整型	本监测项测点数量
备注	字符型	

表 D-3　监测点基本信息表（MonitorPointBasicInfo）

字 段 名 称	数 据 类 型	字 段 含 义
ID	字符型	监测点唯一标识
监测点名称	字符型	本规范中规定的监测内容,见本册表 E-1 第 3 列
监测点简称	字符型	监测内容简称,见本册表 E-1 第 4 列
所属监测项 ID	字符型	监测点对应的监测项目
传感器位置	字符型	传感器安装位置描述
数据单位	字符型	输出数据单位
数据精度	浮点型	数据保留小数点精度
超限三级阈值上限	浮点型	超限三级阈值上限
超限三级阈值下限	浮点型	超限三级阈值下限
超限二级阈值上限	浮点型	超限二级阈值上限
超限二级阈值下限	浮点型	超限二级阈值下限
超限一级阈值上限	浮点型	超限一级阈值上限
超限一级阈值下限	浮点型	超限一级阈值下限
是否启动报警	整型	是否启动超限报警功能
备注	字符型	

表 D-4　传感器基本信息表

字 段 名 称	数 据 类 型	字 段 含 义
ID	字符型	传感器唯一标识
传感器编码	字符型	传感器在边坡上安装的唯一编码
所属监测点	字符型	传感器对应的监测点
传感器类型	字符型	传感器类型
生产厂家	字符型	传感器生产厂家
信号类型	字符型	电流、电压、电阻、光纤等
信号范围	字符型	信号输出范围,如:4~20mA
分辨率	双精度浮点型	传感器采集数据分辨率
K 值	双精度浮点型	转换参数 K 值
B 值	双精度浮点型	转换参数 B 值
采样频率	浮点型	数据采样频率,单位 Hz
安装时间	日期时间型	设备安装或更换时间
安装位置	字符型	设备在高边坡安装位置
当前状态	整型	0:正常;1:故障;2:损坏;3:维修;4:更换

表 D-5　实时监测数据表(RealTimeMonitorData)

字 段 名 称	数 据 类 型	字 段 含 义
ID	字符型	
传感器 ID	字符型	该条监测数据所属传感器
数据采集时间	日期时间型	
当前值	双精度浮点型	按实际精度要求保留小数点
报警状态	整型	0:正常;1:超限一级报警;2:超限二级报警;3:超限三级报警
数据状态	整型	0:正常;1:异常
备注	字符型	

表 D-6　特征值统计数据表(StatisticData)

字 段 名 称	数 据 类 型	字 段 含 义
ID	字符型	
传感器 ID	字符型	该条监测数据所属传感器

续上表

字 段 名 称	数 据 类 型	字 段 含 义
数据采集时间	日期时间型	
采样间隔	整型	特征值统计间隔时间,单位为分钟
最大值	双精度浮点型	统计时间范围内的最大值
最小值	双精度浮点型	统计时间范围内的最小值
平均值	双精度浮点型	统计时间范围内的平均值
RMS均方根	双精度浮点型	统计时间范围内的均方根值
方差	双精度浮点型	统计时间范围内的方差值
数据状态	整型	0:正常;1:异常
备注	字符型	

表 D-7　视频监控属性信息表(VedioAttributeInfo)

字 段 名 称	数 据 类 型	字 段 含 义
ID	字符型	
视频编号	字符型	对应摄像头的名称
高边坡ID	字符型	摄像头所属高边坡ID
IP地址	字符型	对应摄像头的访问地址
端口	字符型	通过端口和IP访问摄像头
登录用户名	字符型	摄像头登录页面用户名
登录密码	字符型	用户名对应的密码
状态	整型	根据状态判断摄像头是否在工作
备注	字符型	

表 D-8　超限报警信息表(AlarmInfo)

字 段 名 称	数 据 类 型	字 段 含 义
ID	字符型	
监测点ID	字符型	该条预警数据所属测点ID
报警级别	整型	报警级别(1:超限一级;2:超限二级;3:超限三级)
当前超限值	双精度浮点型	按照实际精度保留小数
报警开始时间	日期时间型	开始出现报警的时间
报警结束时间	日期时间型	报警结束的时间
处理状态	整型	报警记录的关注状态(0:未处理;1:已处理)
处理措施	字符型	
备注	字符型	

表 D-9　特殊事件信息表（SpecialEventInfo）

字 段 名 称	数 据 类 型	字 段 含 义
ID	字符型	
高边坡 ID	字符型	该特殊事件所对应的高边坡 ID
名称	字符型	特殊事件的名称
特殊事件类型	字符型	特殊事件所属的事件类型（例如：地震、洪水……）
特殊事件开始时间	日期时间型	特殊事件发生的时间
特殊事件结束时间	日期时间型	特殊事件结束的时间
事件描述	长文本型	对特殊事件进行一个简述
录入人	字符型	录入事件的人员名称
录入时间	日期时间型	录入事件的时间
处置状态	整型	(0:未处置;1:已处置)
处置建议	长文本型	上级部门反馈给出的处置建议
备注	字符型	

附录 E 监测项基本信息定义表

监测项基本信息定义表见表 E-1。

表 E-1 监测项基本信息定义表

监测对象	监测项目	监测内容	监测内容简称	数据单位	数据方向
边坡及支护结构	变形监测	地表水平位移、垂直位移	SFDIS	mm	x 方向正东方向为正，y 方向正北方向为正，h 为水平面上法线方向
		墙(桩)顶水平、垂直位移	TPDIS	mm	x 方向正东方向为正，y 方向正北方向为正，h 为水平面上法线方向
		深部水平位移	DPDIS	mm	x 方向正东方向为正，y 方向正北方向为正，h 为水平面上法线方向
		地表裂缝	SFCRK	mm	—
		地表隆起	UPLFT	mm	—
	应力监测	土压力/地应力	SLPRE	kPa	—
		支挡结构应力	SCSTR	kN	—
		锚杆(索)应力	ACSTR	kN	—
		孔隙水压力	WTPRE	kPa	—
	地下水监测	地下水位	WTLEV	m	—
	雨量监测	降雨量	RNFAL	mm	—
	宏观前兆	图像与视频	VIDEO	—	—
周边环境	邻近建(构)筑物监测	建(构)筑物垂直位移	SCDIS	mm	—
		建(构)筑物水平位移、倾斜	SCSLP	mm、°	—
		建(构)筑物裂缝	SCCRK	mm	—
	邻近地下管线监测	地下管线垂直位移	LNDIS	mm	—
		地下管线水平位移			—

附录 F 实时数据传输协议

F.1 通用报文协议编码

通用报文协议编码主要用于除了 GNSS 和动态称重数据的监测数据的实时传输,其网络连接采用 TCP 或 UDP 协议,报文长度一共 $16+N\times4$ 个字节,其中前面 16 字节为传感器属性信息,后面的 $N\times4$ 为每 1s 的数据值,可以是多组数据,具体报文协议结构如图 F-1 所示。

报文类型 1字节	预留位 4字节	消息长度 2字节	时间戳 7字节	传感器通道 2字节	数据值 14字节	...	数据值 N 4字节

图 F-1 通用报文协议结构组成

具体协议数据格式见表 F-1。

表 F-1 通用报文协议数据格式定义

消息结构	字节序	字段	数据类型	内容描述	备注
报文类型	0	报文类型	BYTE	02 代表通用报文	
预留位	1	预留	BYTE	预留,默认为 0	
	2	方向	BYTE	0:下行信息,1:上行信息	
	3	网络通信计算机编号	BYTE	默认为 0	
	4	命令码	BYTE	命令码 = 1	
消息长度	5	长度低	INT	报文长度用两个字节表示,低字节在前,高字节在后	报文长度为 $N\times4+9$,即 7 个时间字节和 2 个对象码字节,每个数据值占 4 个字节,一共 N 对
	6	长度高			
时间戳	7	年	BYTE	年 + 1900	实际的年需要加上 1900
	8	月	BYTE	月	
	9	日	BYTE	日	
	10	时	BYTE	时	
	11	分	BYTE	分	
	12	毫秒低	INT	毫秒用两个字节表示,低字节在前,高字节在后	用毫秒数除以 1000 得到的值就是秒数,余数就是毫秒数
	13	毫秒高			

续上表

消息结构	字节序	字 段	数据类型	内容描述	备 注
传感器通道	14	对象码低	INT	对象码用 2 个字节表示，低字节在前，高字节在后	对象码就是数据通道号，为 1~32767 的整数
	15	对象码高			
传感器数据	16	数据值低	FLOAT	数据值用 4 个字节表示，此字节为低字节	从字节 16 开始，依次每 4 个字节表示一个数据值，一共 N 个
	17	数据值		数据值用 4 个字节表示，此字节为次低字节	
	18	数据值		数据值用 4 个字节表示，此字节为次高字节	
	19	数据值高		数据值用 4 个字节表示，此字节为高字节	

F.2 GNSS 报文协议编码

GNSS 报文协议编码主要实现 GNSS 监测类型的数据实时传输，包含北斗、GPS 等，传输数据应为解算后的 X,Y,Z 坐标的相对变化量，协议消息体长度根据测点数量而变化，具体报文协议结构如图 F-2 所示。

报文类型 1 字节	预留位 5 字节	测点数 1 字节	测点 01 数据 26 字节	...	测点 N 数据 26 字节

图 F-2 GNSS 报文协议结构组成

GNSS 报文协议具体数据格式定义见表 F-2。

表 F-2 GNSS 报文协议数据格式定义

消息结构	字节序	字 段	数据类型	内容描述	备 注
报文类型	0	报文类型	BYTE	报文类型=3	03 代表 GNSS 报文
预留位	1	预留	BYTE	预留,默认为 0	预留信息
	2	方向	BYTE	0:下行信息,1:上行信息	数据传输方向
	3	网络通信计算机编号	BYTE	默认为 0	预留信息
	4	命令码	BYTE	命令码=1	预留信息
	5	数据类型	BYTE	数据类型=0	默认为 0 表示坐标数据
测点数	6	测点个数	BYTE	本报文中包含测点数量	最小为 1,最大为 255

续上表

消息结构	字 节 序	字 段	数据类型	内容描述	备 注
测点 1 数据	7	测点 1 的 dx 编号	INT	x 方向的数据通道编号	
	9	测点 1 的 dx 值	FLOAT	浮点数,占用四个字节,前低后高	
	13	测点 1 的 dy 编号	INT	y 方向的数据通道编号,二字节整数	
	15	测点 1 的 dy 值	FLOAT	浮点数,占用 4 个字节,前低后高	
	19-20	测点 1 的 dz 编号	INT	z 方向的数据通道编号,二字节整数	
	21-24	测点 1 的 dz 值	FLOAT	浮点数,占用 4 个字节,前低后高	
	25-32	测点 1 采集时间	BYTE[8]	占用 8 个字节,前低后高。时间格式是年月日时分秒毫秒(毫秒两字节)	实际的年 = 1900 + 年
……	……				
测点 N 数据	$26 \times (N-1) + 7$	测点 N 的 dx 编号	INT	X 方向的数据通道编号	重复测点 1 的字段

附录 G 监测报告编制提纲

G.1 监测月报提纲

监测月报包括监测工作概况、监测成果与分析、监测结论及建议等内容,可按下列提纲编制。

1 前言

包括监测对象及所采用的主要监测方法;任务要求与完成情况;预警相关事件说明。

2 监测工作概况

包括监测工作组织情况;监测设备设施现状与性能;宏观地质巡查情况;数据处理说明;监测工作质量与影响监测质量因素;完成的工作量;存在的主要问题。

3 监测成果

监测对象地质条件;各类监测要素的过程线图。

4 监测分析

结合监测成果和宏观地质巡查结果,通过单点分析、剖面分析及综合分析,说明监测对象变形动态、应力状态和影响因素,分析变形发展趋势,判定监测对象稳定性状况,给出相应的预警等级。

5 监测结论与建议

包括监测结论;防治措施和建议等。

6 附件

包括监测系统平面布置图;监测工作一览表等。

G.2 监测年报提纲

监测年报包括监测工作概况、监测成果与分析、监测结论及建议等内容,可按下列提纲编制。

1 前言

包括任务来源;任务要求及完成情况;预警相关事件说明。

2 监测工作概况

包括自然地理及地质环境概况;监测工作评述;监测设备设施现状与性能;宏观地质巡查情况;数据处理说明;监测工作质量与影响监测质量因素;完成的工作量;存在的主要问题。

3 监测对象概况及监测成果分析

监测对象地理位置、规模、主要危害及规划防治措施;监测对象基本特征;监测网点布设及监测内容;全部或部分给出各类监测要素的过程线图;结合监测成果和宏观地质巡查结果,通过单点分析、剖面分析及综合分析,说明监测对象变形动态、应力状态和影响因素,分析变形发展趋势,判定监测对象稳定性状况,给出相应的预警等级。

4　监测结论

5　监测工作中存在的问题及建议

6　附件

包括监测系统平面布置图;监测系统剖面布置图;监测工作一览表等。

G.3　监测专报提纲

监测专报包括专报事由、监测分析、结论及建议等内容,可按下列提纲编制。

1　前言

包括任务来源、专报事由(如应急调查、预警等)等。

2　概况

包括监测对象地理位置、规模及主要危害;基本特征;变形概述等。

3　监测分析

包括监测成果(全部或部分监测要素过程线图);监测分析;稳定性评价。

4　结论与建议

附录 H 监测工作总结报告提纲

H.1 正文

监测成果总结报告包括项目概述、工作区地质环境条件、监测对象特征、监测网和监测系统组成与布置情况、监测内容与执行情况、监测结果分析、监测成果、结论及建议等内容,可按以下提纲编制。

1 项目概述

包括任务来源、目的、主要监测过程、完成工作量、监测实施依据、测量基准等。

2 工作区地质环境条件

包括自然条件、边坡地质概况及其自身稳定性状况等。

3 监测对象特征

包括监测对象的基本特征、可能的变形破坏模式及该破坏模式下稳定性评价等。

4 监测内容、监测方法和精度分析

包括监测的具体内容、实际监测采取的方法,说明使用的监测设备的名称、型号、相关参数及监测精度级别。

5 监测网和监测系统组成与布置情况

包括监测断面布设、基准点布设及监测点布设;监测网点布设方法与监测系统的优化调整情况。

6 监测内容与执行情况

包括监测内容与项目、实际监测采取的方法、观测精度,说明使用的监测设备的名称、型号、相关参数及监测精度级别。

7 监测结果分析

说明监测数据采集的流程和误差消除的方法,编制相关表格,建立相关数据库,说明资料处理的方法,绘制相应的曲线并进行时序和相关分析。根据相关数据,分析监测对象的整体情况。

8 监测成果、主要结论与相关建议

分析监测对象现状及发展趋势,有针对性地提出防治建议和措施。

H.2 附图、附表

监测成果总结报告的附图、附表包括以下主要内容:

1 边坡监测网、监测断面、监测点布置图。

2　边坡监测内容、项目、仪器设备、观测方法、精度一览表。

3　地表位移、地表裂缝监测数据一览表,地表位移、地表裂缝变化与降雨、养护工程施工主要节点关系图。

4　地下水位、孔隙水压监测数据一览表,地下水位、孔隙水压变化与降雨、养护工程施工主要节点关系图。

5　深部数据监测一览表,深部位移随深度、时间变化曲线图,以及与降雨、养护工程施工过程主要节点关系图。

6　支挡结构物位移变形、应力应变、锚索预应力等监测数据一览表及其随时间变化图。

参考文献

[1] 重庆市设计院,中国建筑技术集团有限公司.建筑边坡工程技术规范:GB 50330—2013[S].北京:中国建筑工业出版社,2013.

[2] 雅各布·弗雷登.现代传感器手册原理、设计及应用[M].宋萍,等,译.北京:机械工业出版社,2019.